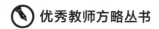 优秀教师方略丛书

U0570718

优秀教师的专业成长之路

Youxiu jiaoshi
Fanglüe congshu

张兴成　本书编写组◎编著

Youxiu jiaoshi
De zhuanye
Chengzhang zhilu

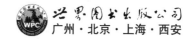
世界图书出版公司
广州·北京·上海·西安

图书在版编目（CIP）数据

优秀教师的专业成长之路／《优秀教师的专业成长
之路》编写组编．—广州：世界图书出版广东有限公司，
2010．11（2024.2 重印）
　　ISBN 978－7－5100－3005－5

Ⅰ．①优… Ⅱ．①优… Ⅲ．①优秀教师－师资培养
Ⅳ．①G451.2

中国版本图书馆 CIP 数据核字（2010）第 217497 号

书　　　名　优秀教师的专业成长之路
　　　　　　YOU XIU JIAO SHI DE ZHUAN YE CHENG ZHANG ZHI LU
编　　　者　《优秀教师的专业成长之路》编写组
责任编辑　李欣鞠
装帧设计　三棵树设计工作组
出版发行　世界图书出版有限公司　世界图书出版广东有限公司
地　　　址　广州市海珠区新港西路大江冲 25 号
邮　　　编　510300
电　　　话　020-84452179
网　　　址　http://www.gdst.com.cn
邮　　　箱　wpc_gdst@163.com
经　　　销　新华书店
印　　　刷　唐山富达印务有限公司
开　　　本　787mm×1092mm　1/16
印　　　张　12
字　　　数　160 千字
版　　　次　2010 年 11 月第 1 版　2024 年 2 月第 4 次印刷
国际书号　ISBN　978-7-5100-3005-5
定　　　价　59.80 元

"优秀教师方略"丛书编委会

主 编

序　言

优秀教师何以成为优秀教师，优秀教师的成长有无规律可循？这是一个值得思考和关注的问题。

"优秀教师"这个概念，它和我们平时常常提及的"骨干教师"、"名师"或是"特级教师"并不尽相同。后三个概念更多的是以某种标准加以衡量而赋予教师的某种荣誉，表征的是教师某个发展阶段的状态。"优秀教师"倾向于从动态变化的教师成长过程中来解读，它意味着一个漫长而艰辛的成长过程，一个离不开成长期的默默付出，历经高原期的苦闷徘徊，从而达致成熟期的随心所欲的成长过程。

我们应该把优秀教师看作是一个发展性的概念。作为一个教师，要在事业上获得成功，首先要有强烈的事业心和责任感，要有崇高的奉献精神，要有坚定不移的意志品质，要有持续发展的信念，要有永不满足、不断学习、不断进取的精神。从发展的角度看，所有的教师都可以成为优秀教师。

当然，成为一个优秀教师不仅要有自己的主观条件，还要有客观条件的保证，从立志做优秀教师到成为优秀教师不是必然规律。优秀教师能及时抓住时代发展的机遇，并使机遇成为成长的契机。机遇对成功很重要，但教师的成功不是靠被动地等待，而是认真踏实地工作，通过"量"的积累，在及时把握机遇中达到"质"的飞跃，获得成功。

为使主客观条件达到最佳的组合，从而获得成功，今天的优秀教师，应该改变传统的"春蚕到死丝方尽，蜡炬成灰泪始干"的被动的、悲凉的形象，树立一种新的优秀教师成长观，即关注自身精神生命的成长，使得优秀教师的成长不再仅仅是为了一纸文凭或是生存技能的提高，而是为了自我的充实与完善，为了个体的幸福与愉悦，为了更有意义的生活。为这样的目的而努力的人，即称优秀。惟有如此，优秀教师才有可能真正地唤醒自己，同时也唤醒他所接触的人，才有可能创造自己更为美好、更有意义的生活，同时也创造他人更为幸福的生活。

我们应该相信，优秀教师的成长主要不是依靠天赋，而是后天的因素；后天因素对教师成长的影响程度依次为个人的努力、教学互动、专家引领、师傅指导、同伴互助和领导支持。

在成长过程中，尽管每个优秀教师的成长经历都不相同，具有浓厚的个性色彩。但是透过表层的个性因素，仍然可以从中概括出某些共同的要素，说明优秀教师的成长还是有规律可循的，能够提出优秀教师培养的方式方法的。

根据对优秀教师成长规律的总结，我们编写了这套"优秀教师方略"丛书，其特点是强调教师学习与培训的针对性、适用性和可接受性，期望能在教师艰辛的成长过程中助一臂之力，让他们少走一些弯路，减少个人摸索的无效劳动；让更多的教师通过不断的学习、反思、超越，成为"优秀教师"。

目　录

引　言

　　教师素质的研究一直是教师研究中的一个核心问题。而在有关教师素质的研究中，至少要回答两个大的问题：①教师应该具有什么样的素质？②教师怎样发展这些素质？

　　在众多有关教师素质的研究中，或是由于对这两个问题重要性认识上的差异，或是由于研究侧重点的不同，逐渐形成了两个基本路向：①规范性研究，主要关注教师需要或应该具有什么样的素质，以及如何培养或培训教师使其具备这些素质等规范性、应然性问题；②生成性研究，主要对教师如何发展他们的素质感兴趣。

　　从国际范围来看，在相当长一段时间里，教师和教师教育研究中，规范性研究占据主导地位，而生成性研究相对受到忽视。

　　不过，随着 20 世纪 80 年代以来世界教师专业化运动的重心由关注教师的地位向关注教师的角色、实践的转变，教师教育研究的重心也从主要关注"教师应该具有什么样的素质"等规范性问题转向主要关注"教师是如何发展的"等生成性问题。由此，教师发展的路径与策略开始成为教师教育研究中最为引人注目的问题。而当人们在谈论教师发展（或专业成长）时，实际上就意味着对三个基本观念的认同：①教师是一个专业人员；②教师是一个发展中的个体；③教师是自身专业发展的主人。

　　教师的专业化发展不仅关系到教师个性或群体的职业发展，而且对学校的发展发挥着至关重要的作用。在学校教育的各项因素中，教师的主导作用是最为重要的。在可以预见的将来，无论办学条件怎样改进，教学手段如何更新，正规教育中教师的角色都不会被取代。只是，时代需要的是更加高素质的、专业化的教师。过去说，要教给学生一杯水，教师就要有一桶水。如今，要教给学生一杯水，教师就要成为自来水、常流水。正所谓："半亩方田一鉴开，天光云影共徘徊。问渠哪得清如许，为有源头活水来。"教师的专业化发展，就如同获得了"源头活水"，使教学活动左右逢源，收到事半功倍的效果，达到出神入化的美好境界。

　　本书试图就优秀教师需要什么样的素质以及如何发展这些素质，尤其是优秀教师发展的路径与策略等问题，进行一个基本的思考与分析。本书是为广大的中小学教师而写，主要目的是从中小学教师的角度出发，引领并帮助他们了解自己的职业，明晰自己作为专业人员的发展规律，并为其提供如何获得有效专业发展的建议。

　　遵循以上宗旨，本书的基本思路与框架如下：

　　第一章"教师专业化与教师专业发展"向中小学教师系统阐述了什么是教师专业化及追求教师专业化的意义，从而产生自主发展的动力与要求。优秀教师要实现自主发展，首先需要了解自己作为专业人员的发展规律与过程。第二章"新时期优秀教师应具备的专业素质"的主要目的是使中小学教师了解自己应具备的基本专业素质，从而在具体实践中，按照标准来不断要求和完善自己。本书通过第三章"在与自我的对话中成长"、第四章"在参与课程开发中发展"、第五章"坚持做研究型教师"、第六章"在教学评价中求得成长"、第七章"优秀教师的可持续发展"这五章的内容，探讨了优秀教师专业成长的路径与策略，就优秀教师的专业成长提出了一些具体的建议。

　　我们真诚地希望本书能够为广大中小学教师提供一些专业成长策略方面的帮助，同时也对广大的中小学教师积极探索并开发更多、更有效的教师专业成长策略充满了热切的期待。

第一章
教师专业化与教师专业发展

　　教师专业化发展已成为国际教师教育改革的趋势，是当前教育改革实践中提出的一个具有重大理论意义的课题。从教师专业发展的探索历史来看，教师的成长与发展要受到外部环境因素和教师自身内在因素等方面的影响。因此，为了促进教师专业发展，需要教师对专业发展进行理性的思考。

第一节 教师专业化的本质与内涵

一、教师是一种专业

关于专业，《现代汉语词典》作了这样的解释：专门从事某种工作或职业的。从职业社会学来看，一个职业进入专业的行列，必须符合专业的特征、标准或本质。早在 1948 年美国教育协会就提出了专业的八条标准：①含有基本的心智活动；②拥有一套专门化的知识体系；③需要长时间的专门训练；④需要持续的在职成长；⑤提供终身从事的职业生涯和永久的成员资格；⑥建立自身的专业标准；⑦置服务于个人利益之上；⑧拥有强大的、严密的专业团体。

中小学教师是不是专业人员？国内外学者有着不同的意见。有人认为教师是一个专业性较强的专业，有人认为教师只能算是半专业或准专业，也有人根本否认教师的专业性。要想了解教师的职业是不是专业，就要看其是否符合专业的标准和具备专业的特征。可以说，现在的教师职业发展已具有一定的专业水准，是一部分的而非完全的专业，它正在努力朝着完全专业的方向前进，是形成中的专业。①教师提供的教育服务在现代社会日趋重要，随着知识社会的到来，这种作用的重要性日益突出；②教师专业道德规范的要求一直非常强烈；③尽管对教师应掌握哪些知识存在争议，但青少年的培养需要的是专业化的教师，各国都有专门的教育机构实施教师教育，教师专业训练的年限、程度日趋提高；④教师任用资格与在职进修日益制度化、法制化；⑤教师拥有的专业自主权有适度的保证；⑥教师的经济待遇和职业声望正在提高，过去并不被看好的教师职业这几年变得越来越吃香，出现了一个教师职位有几十个人竞争的局面。

可见，中小学教师职业的专业化，实质上并非是有还是无的问题，而是专业化程度高与低的问题。综上所述，我们可以得出如下结论：教师专业是指从事培养人的、需要专门训练并有专门的知识、技能、职业道德的专门性的社会服务性职业。

二、教师专业化的内涵

有人认为，既然根据"专业"的标准，教师职业是一门专业，因此，"教师专业化表达的最基本的含义就是要把教学视为专业，把教师视为专业人员"①。很明显，这是从社会学的角度来强调教师职业从普通职业向专业职业的转型。但也有人从教师个人的角度来看待教师职业专业化问题，认为教师职业专业化是指"个人成为教学职业的成员并且在教学中具有越来越成熟的作用这样一个转变过程"②。今天，人们更多是将上述两种观点兼顾起来，以综合的眼光来看待教师专业化。如我国有人对教师专业化的内涵进行了详细的梳理之后认为，至少应从两个角度来界定教师专业化。一个角度是从专业出发，另一个角度是从个人入手。前者又可以分成静态和动态两个考察方式。从静态的角度看，教师专业化是指教师职业真正成为一个专业，教师成为专业人员并得到社会承认这一发展结果，其指标是：①专业技能；②专业训练；③专业

---

①申春生. 教师专业化的内涵分析[J]. 前沿，2003（11）.

②邓金. 培格曼最新国际教师百科全书[Z]. 教育与科普研究所编译. 北京：学苑出版社，1989：542.

组织；④专业理论；⑤专业自主；⑥专业服务；⑦专业成长。从动态的角度来说，教师专业化是指教师在严格的训练和自身主动学习的基础上，逐渐成长为一名专业人员的发展过程。

我国较为流行的官方对"教师专业化"的解释也体现了综合理解的思想，认为："教师专业化是指教师职业具有自己独特的职业要求和职业条件，有专门的培养制度和管理制度。教师专业化的基本含义是：第一，教师专业既包括学科专业性，也包括教育专业性，国家对教师任职既有规定的学历标准，也有必要的教育知识、教育能力和职业道德的要求；第二，国家有教师教育的专门机构、专门教育内容和措施；第三，国家有对教师资格和教师教育机构的认定制度和管理制度；第四，教师专业发展是一个持续不断的过程，教师专业化也是一个发展的概念，既是一种状态，又是一个不断深化的过程。"①

教师不仅是知识的传递者，而且是道德的引导者，思想的启迪者，心灵世界的开拓者，情感、意志、信念的塑造者。教师不仅需要知道传授什么知识，而且需要知道怎样传授知识，知道针对不同的学生采取不同的教学策略。教师职业的专业化既是一个认识过程，更是一个奋斗过程；既是一种职业资格的认定，更是一个终身学习、不断更新的自觉追求。

三、教师专业化的标准

教师专业化应该有自己的标准，教师专业化的标准引起了各国研究者的关注，大家围绕教师专业化的标准展开了形形色色的讨论，并探讨出各种不同的方案。

---

①袁贵仁. 加强和改革教师教育，大力提高我国教师专业化水平［A］. 教育部师范教育司. 教师专业化的理论与实践［M］. 北京：人民教育出版社，2001：1.

英国教育家霍伊尔对教师专业的标准提出了六条要求：①履行重要的社会服务；②系统的知识训练；③持之以恒的理论与实践训练；④高度的自主性；⑤经济性的在职进修；⑥团体的伦理规范。①

美国"全美教师专业标准委员会"的《教师专业标准大纲》（1989）认定的教师专业标准是：

第一，教师接受社会的委托负责教育学生，照料他们的学习。具体内容包括：①认识学生的个别差异并采取相应的措施；②理解学生的发展与学习方法；③公平对待学生；④教师的使命不停留于学生认知能力的发展。

第二，教师了解学科内容与学科的教学方法。具体内容包括：①理解学科的知识是如何创造、如何组织、如何同其他领域的知识整合；②能够运用专业知识把学科内容传递给学生；③形成获得知识的多种途径。

第三，教师负有管理学生的学习并提出建议的责任。具体内容包括：①探讨适合于目标的多种方法；②注意集体化情境中的个别化学习；③鼓励学生的学习；④定期评价学生的进步；⑤重视第一位目标。

第四，教师系统地反思自身的实践并从自身的经验中学到知识。具体内容包括：①验证自身的判断；②不断作出困难的选择；③征求他人的建议以改善自身的实践；④参与教育研究，丰富学识。

第五，教师是学习共同体的成员。具体内容包括：①与其他专家合作提高学校的教育效果；②与家长合作推进教育工作；③运用社区的资源与人才。

这一标准被认为是"目前最明确地正式表达了教师专业化的基准"②。

---

①王晓宇. 试论英国教师专业发展理念的形成[J]. 外国中小学教育，2005（6）.

②[日] 佐藤学. 课程与教师[M]. 钟启泉译. 北京：教育科学出版社. 2003：245，246.

根据上述分析，特别是关于专业化的含义与标准，我国研究者认为，教师职业的专业化标准应该是：①

第一，经过长期且连续的专业训练。要成为专业化的教师，必须经过大学本科及以上的教育训练。由于教育职业具有"知识＋技能"的特点，其专业实际是双专业，因而更应提倡硕士层次的训练，我国从1996年开始教育硕士学位的试点工作就是一个积极的尝试。

第二，教师专业的核心是教学设计。专业训练中的学科知识只是设计过程中的一个因素，除此之外，还有学习者分析、学习目标阐明、教学策略的制定、教学媒体的选择与应用以及教学设计成果的评价等。这是教师专业素养的综合体现，也是其专业水平最重要的标志。

第三，有现代教育思想。了解现代教育思潮（如全民教育思潮、教育民主化思潮、终身教育思潮、教育现代化思潮等）、现代教育理论（如人力资本理论、全民教育理论、素质教育理论和创新教育理论等）和现代教育观念（如现代教学观、学生观、教师观、人才观等），并把这些思想渗透在教育教学过程中。

第四，理解学生。了解学生、管理学生并培养学生与他人交往的能力。

第五，心理健康，并有良好的师德。

第六，不断反思，并积极从事教育科研。

第七，有严格的资格认定、评聘制度。

第八，以自己的专业水平取得教育实效，得到社会的广泛认可，并得到社会大众的尊敬与信任。对我国来说，教师专业化水平较低，社会认可度也不高，实现其专业化需要社会及教师自身特别是各级各类教师培训机构的共同努力。

①孟万金. 职业规划：自我实现的教育生涯[M].上海：华东师范大学出版社，2004.

第二节 教师专业化的历程与发展趋势

20 世纪 60 年代中期，许多国家对教师"量"的急需逐渐被提高教师"质"的需要所代替，对教师素质的关注达到了前所未有的程度。80 年代以来，教师专业化则形成了世界性的潮流。要求高质量的教师不仅是有知识、有学问的人，而且是有道德、有理想、有专业追求的人；不仅是高起点的人，而且是终身学习、不断自我更新的人；不仅是学科的专家，而且是教育的专家，具有像医生、律师一样的专业不可替代性。这就要求教师的培训机构和国家的教师管理保障制度，都实现相应的重大变革。

因而，关注教师专业化，敏锐地感应这种变化，抓住机遇，迎接挑战，是各级教育行政部门和广大的师范院校、教育学院以及中小学校长、教师必须面对的重要问题。

一、教师专业化的历史进程

如果从现代教学形式——班级授课制的建立，教师开始成为一种专门职业算起，教师专业化已经走过了 300 多年的历史。"二战"以后，特别是 20 世纪 60 年代以后，教师专业成为一种强劲的思想浪潮，并极大地推动了许多国家教师教育新理念和新制度的建立。现在，教师专业化已经成为促进教师教育发展和提高教师社会地位的成功策略。

对教师专业化的探讨，学术界循两条路径进行：①运用教育社会学的理论，分析教师专业化的动态过程；②运用教育学和心理学的理论，建构教师专业化的模式。如一些学者根据社会需求、人们对教师的职业期待、教师专业化的行动等标准，将教师专业培养分为六种范式，即知识范式、情感范式、建构范式、反思范式、研究范式和多元范式。

教师职业从经验到专业化经历了漫长的发展过程。在这个过程中，各种历史事件"犬牙交错"，各种思想观点共生并存，要想清晰地标示几个阶段，是一件困难的事。我们粗线条地将这个过程划分为三个阶段：①专业化初始阶段，②专业化提升阶段，③专业化内涵发展阶段。

（一）专业化初始阶段

从 17 世纪 80 年代到 19 世纪 70 年代，教师职业由无须专业训练的"自由"的"职业"转变为必须经过一定培训的职业。"师范教育代表一个使教学专业真正成为专业的正式过程。"继法国之后，德国法克兰于 1695 年在哈雷创办教员养成所。以此为标志，教师仅凭个体经验的随意教育行为开始"解冻"，教师教育开始了艰难而又曲折的专业化旅途。

在传统社会里，教师是一个相当自由的职业，没有培训和考核的要求，只要有知识和兴趣，任何人都可以开馆设学，教学是一种纯粹的个人行为。那些由政府设立的官学，也是以官吏或僧侣为师。至于隐于山野的书院，教学人员也主要由一些官场失意的文人组成。教学成为一种谋生的手段，学校成为一些官吏的暂居地，成为心灵的寄存处。这种局面在教师教育机构成立以后逐步得到改变，尤其是在第一次工业革命以后，西方发达国家纷纷实行义务教育，以此作为应对工业革命在劳动者素质方面新要求的策略。教育第一次成为公共事务，政府对教师教育的干预也提到了议事日程上。于是，一些国家通过立法或行政手段，创立培养教师的正规机构，规定教师任职资格，规范教育走向正规化、制度化。

客观而论，这一时期教师教育远非包容专业化的全部内涵，更多的是一种职业训练，只能是教师专业化的初始阶段。

（二）专业化提升阶段

从 19 世纪 80 年代到 20 世纪中叶，人们经历了两次工业革命和两次世界大战。工业革命对劳动者素质提出更高的要求，世界大战用枪炮和鲜血警示人们要提高综合国力。面对当时社会的急切要求，世界各国选择延长义务教育年限的策略。这就意味着受教育者数量增加和层次提高的影响，对教师的数量和质量也提出了新的要求。各国政府通过采用延长教师教育的年限，提高教师培养规格，实行教师培养渠道多元化等措施来化解这种矛盾。

公众对教师教育的关注，还有更为深刻的原因。第二次世界大战后，世界形成了政治、军事对垒的两大阵营。对立的两极都期望以绝对的优势压倒对方，他们不约而同地把希望的目光投向教育。从 20 世纪 60 年代开始，掀起了全球性的教育改革浪潮。这场教育改革运动的倡导者和设计者，期望通过某种局部的变革，达到受教育者知识量的增加、知识结构的改变和能力的提高等目的。教师教育与这种改革相比，仍停留在知识量的积累、知识结构的调整、教学技巧的掌握与运用等方面。但是改革遇到了阻力，并没有收到预期的效果。人们困惑，迷茫，这就酝酿和激发了 80 年代教育改革的新探索，教师教育改革也随之而发生。

总之，这一时期人们对教师教育的认识集中于培养教师的合理知识结构、训练教师的高超教学技能、提升教师的学历层次等方面。我们在美、德、法、英、日、澳等国的教师资格证书制度、教师职前和在职培训制度、培养教育临床专家计划、提高教师教育办学规格的举措中，能够清楚地看到这种观念的影子。尽管国际教育组织、专业组织、政府机关在教师专业地位方面做了大量的工作，教师也"与日俱进"，牢牢树立自己的角色意识，规范自己的角色行为，但在世俗观念中，教师充其

量是"半专业",享受不到作为"专业人士"特有的尊重,教师的社会地位较低,且缺乏必需的自主权。直到 20 世纪 80 年代初,美国教师还在为自己的教学主权力和工资待遇举行游行罢工。

(三)专业化内涵发展阶段

从 20 世纪 80 年代开始,延续至今,世界范围内掀起了新一轮教育改革。人们也逐渐意识到师资质量是教育改革成败的关键。于是在教育改革浪潮的推动下,教师专业化有了实质性的进展,教师个体专业化水平成为教师专业化运动的重心。

第一,师资人才高学历化,教师资格制度化。目前世界上许多发达国家的中小学教师的学历都有提高的趋势,大都达到大学毕业以上程度,具有学士、副学士以上学位。一部分研究生也补充到中小学师资队伍中。教师培养机构分别培养各级教师,学历程度无差异,只是所学课程不同,以提高教师的专业化水平。教师资格标准是对教师专业素质的全面要求。当前许多国家实施教师资格证书制度,教师资格证书与学历证书并行,互不代替。通过制定教师职业要求高标准,加快教师专业化进程。

第二,教师培养培训一体化,教师在职继续教育受到格外重视。当代世界各国一方面延长中小学教师职前教育专业学习年限,另一方面大力推广教师在职进修工作。教师成为向培养培训一体化的方向发展。但不是任何机构都有条件和资格培养教师。因而,美、日、英和波兰等国专门制定了教师教育的机构认定制度。我国的台湾地区也于 1997 年对教师机构进行了明确的法律认定。

第三,在终身化背景中,以专业化为方向,重视教师素质的提高。随着终身教育理念的渗透,人们普遍认为教师教育应通盘考虑教师的专业发展,打破职前和职后相互独立的局面,实施一体化教育,使教师终生都能接受到连贯的、一致的教育。强调教师应树立终身学习的意识,主动吸取新知识,不断提高自身专业素质。当前日本着重强调教师要由

"单一型"向"复合型"发展。俄罗斯也要求教师的劳动有创造性，成为适应时代要求的多面手。

第四，建立 PDS 学校，提高教师品质。PDS 学校就是教师专业发展学校，这是美国大学的教育学院与地方的公立中小学或学区合作成立的一种师资培训学校。其目的在于改善教师教育的职前培训计划，给在职教师提供专业训练和职业发展机会，提高教师素质，创新教师专业化机制，进而改善整个教育质量。PDS 学校自 20 世纪 80 年代中期在美国出现以来，由于其特色鲜明和成效显著而受人瞩目。

近年来，随着信息技术的高速发展，经济全球化的进程日益加快，社会对教师工作质量和效益的要求空前提高。在这种背景之下，进行以教师专业化为核心的教师教育的改革，已成为世界各国教育与发展的共同特征。

二、我国教师专业化现状

新中国成立后，在百废待兴的中华大地上，基础教育经历了单基教育、双基教育和全面推进素质教育的三个阶段。与此相适应，教师教育开展了学历教育和学历合格后的素质提高培训。从教师专业化的角度来审视，教师教育主要取得了两个方面的成果。

一是改革开放以来，我国正式开始了真正意义上的师资队伍专业化建设，并取得了显著的成绩。法规制度确立了教师的专业地位：1994年我国开始实施的《教师法》规定"教师是履行教育教学职责的专业人员"，第一次从法律角度确认了教师的专业地位；1995年国务院颁布《教师资格条例》；2000年教育部颁布《教师资格条例实施办法》，教师资格制度在全国开始全面实施；2000年，我国出版的第一部对职业进行科学分类的权威性文件《中华人民共和国职业分类大典》，首次将我国职业归并为八大类，教师属于"专业技术人员"一类。

2001 年 4 月 1 日起，我国首次开展全面实施教师资格认定工作，进入实际操作阶段。

另外，我国建立了新工资制度，以提高教师待遇。邓小平在《科学技术是第一生产力》一文中指出："我们不论怎么困难，也要提高教师的待遇。"在邓小平的这一思想指导下，各级政府逐步提高教师待遇。我国的教师工资制度逐步完善，教师的待遇逐步提高，除了按照教师职务确定工资级别外，还建立了教龄津贴、班主任津贴、特级教师津贴，以及中小学教师工资提高 10% 等体现教师职业性质和劳动特点的津贴制度。1994 年，根据《中华人民共和国教师法》的规定，我国制定和实施了新的教师晋级增薪制度，教师待遇得到较大改善，教师的生活越来越富裕了。

二是教师素质得到了明显提升。通过制度化的中小学教师继续教育和教师教育教学的教研工作，教师学历水平得到了提升，教学基本功、教学技能、班主任工作能力等教育教学能力得到了明显提高。随着新课程的实施，教师的教育理念得到了普遍更新。总之，教师开始由经验型走向专业型。

三、教师专业化是一个长期的过程

以教师专业化为核心的教师教育的改革，已成为世界教育与社会发展的共同特征。教师职业是一个"形成中的专业"，教师专业化是一个长期的过程。

我国的教师专业化之路虽已起步，并取得了可喜的成效，但要走的路还很长，存在的问题还很多。

（1）保证教师优质来源，并促进教师专业成长的教师教育体制有待进一步完善。

（2）对教师的管理要进一步专业化。如教师资格制度有待进一步完善，对教师的人文管理有待改善等。

（3）教师专业素质有待进一步提高。教师素质的专业特性、自主性和创造性还没充分体现出来。在社会层面，对于教师是不可替代的专门职业这一问题仍未形成共识。

《国务院关于基础教育改革与发展的决定》特别指出："建设一支高素质的教师队伍，是扎实推进素质教育的关键。"如何建设一支高素质的教师队伍呢？大力提高教师专业化水平，是一项根本性举措。

教师专业化是一个长期的过程，是教师在整个专业生涯中，通过终身专业训练，获得教育专业知识技能，实施专业自主，表现专业道德，并逐步提高自身从教素质，成为一名良好的教育专业工作者的专业成长过程。

第一章 教师专业化与教师专业发展

第三节　专业化背景下的教师专业发展

一、教师专业发展的内涵

国外关于教师专业发展的研究比较早，相对来说也较为成熟，但是研究者对"教师专业发展"的界定并不一致，仍然是众说纷纭。如霍伊尔认为，"教师专业发展是指在教学职业生涯的每一阶段教师掌握良好专业实践必备的知识和技能的过程"。而富兰和哈格里夫斯指出，教师专业发展既指通过在职教师教育或教师培训而获得的特定方面的发展，也指教师在目标意识、教学技能和同事合作能力等方面的全面进步。格拉特霍恩认为，"教师发展"即"教师由于经验的增加和对其教学系统审视而获得的专业成长"。

国内学者对"教师专业发展"的界定，也没有统一的说法。叶澜等学者认为："教师专业发展就是教师的专业成长或教师内在的专业结构不断更新、演进和丰富的过程。"① 而宋广文等人提出了教师本位的教师专业发展观。"教师本位的教师专业发展是针对忽视教师自我的被动专业发展提出的，它强调的是教师专业发展对教师人格完善、自我价

---

①叶澜等. 教师角色与教师发展新探［M］.北京：教育科学出版社，2001：226.

值实现的重要性和教师主体在教师专业发展中的重要角色与价值。"概言之，它强调的是教师个体内在专业特性的提升。因此，"教师专业发展是指教师个体的专业知识、专业技能、专业情意、专业自主、专业价值观、专业发展意识等方面由低到高，逐渐符合教师专业人员标准的过程"①。

还有人对国内外的研究进行了综合、归纳，认为在新的形势下，应对教师的专业发展进行重新认识。教师专业发展是一个动态的、不断演变和革新的过程，就国内外有关的研究来看，主要有三种理解：①指教师的专业成长过程；②指促进教师专业成长的过程；③兼含以上两种理解，即教师专业发展是一个过程，是教师内在专业结构不断更新、演进和丰富的过程，教师专业发展也是一种目的，它帮助教师在受尊敬、支持和积极的氛围中促进个人的专业成长，教师专业发展还是一种成人教育，增进教师对工作和活动的理解。它关注教师对理论和实践的持续探究，关注教学工作在社会发展和个人生活中的意义。教师专业发展的目标，就是要在学校教育过程中使教师和学生都获得成功。②

在此，我们把"教师的专业发展"理解为教师个体的专业成长或教师内在专业发展结构不断更新、演进和丰富的过程。

二、教师专业化与教师专业发展的关系

从有关研究文献来看，关于"教师专业发展"与"教师专业化"的关系存在着三种不同的观点。第一种观点认为，"教师专业发展"等

①宋广文，魏淑华. 论教师专业发展[J].教育研究，2005（7）.
②瞿葆奎，郑金洲. 中国教育研究新进展[M].上海：华东师范大学出版社，2005：426.

第一章 教师专业化与教师专业发展

同于"教师专业化","教师专业发展就是教师专业化的过程"①。第二种观点认为,"教师专业发展"不等同于"教师专业化"。"教师专业化和教师专业发展不是同一概念。教师专业化是指教师职业专业化的过程;教师专业发展则是指教师个体由不熟练逐渐成长为成熟的、专业性强的专家型教师的过程,即一个是教师职业的专业化,一个是教师个体专业的发展。"② 这种观点目前在我国占优势。第三种观点则认为,"教师专业化"包含着"教师专业发展"。持这种观点的人根据英国学者霍伊尔的观点,将专业化划分为两个维度:地位的改善与实践的改进。"前者作为满足一个专业性职业的制度,进而从地位方面要求的过程,将教师职业作为一个专业,在多大程度上获得了作为专业性职业的地位问题。后者作为通过改善实践者的知识和能力来提高提供服务质量的过程,关注的是教师在实施教育行为时使用了多少专业知识技术问题。前者尽管因社会而有所不同,但一般包括强化分界、提高学历要求、建立自我管理团体等一些要素,后者的专业化实际上等于专业发展。"③

严格来讲,二者不是同一概念。教师专业化是指教师职业专业化的过程,主要强调教师群体的、外在的专业性提升;教师专业发展则是指教师个体由不熟练逐渐成长为成熟的专业性强的专家型教师的过程,主要强调教师个体的、内在的专业性提高。一个是教师职业的专业化,一个是教师个体专业的发展。除此之外,这两个概念还有一个区别,即教师专业化体现的是一种教育思想或思潮,一种教育制度,以及一种教育改革运动;而教师专业发展包含的是一个教师的成长过程,是一个具体的实践过程。

①吕济峰,王丹. 教师专业发展的哲学思考[J].边疆经济与文化,2005(12).

②刘艳秋. 教师专业化理念的建立和发展[J].赤峰学院学报,2005(6).

③张贵新. 对教师专业化的理念、现实与未来的探讨[J].外国教育研究,2002(2).

尽管"教师专业化"和"教师专业发展"的含义是有区别的，但二者也是相辅相成的。教师专业化制度的建立及教师专业运动的发展为教师专业发展提供了保证，只有教师职业更加专门化，才能使教师专业发展得以更大更快地提高；而教师专业水平的提高，也会更有力地支持和推进教师专业化。

三、教师专业发展的阶段

为了了解专业发展的阶段性特征与需要，各国学者采用了多种研究方法，进行了多角度、多层次的深入研究，并且，取得了丰硕的研究成果，诞生了各种教师专业发展阶段论。在此，介绍几种教师发展阶段论作综述性简介，希望借此可以描述教师的专业发展过程，明晰教师专业发展的阶段性需求与特征，进而管窥教师专业发展的复杂面貌。

（一）傅乐的教师关注阶段论

有关教师发展阶段的研究大都植根于美国学者傅乐的研究。她与其助手在 20 世纪 60 年代初开始的早期研究为教师发展阶段研究奠定了基础。她以其编制的著名的"教师关注问卷"，揭示了教师所关注问题的变化，并据此将教师的发展分为四个阶段：第一阶段为任教前关注阶段。此阶段是师资养成时期，师范生仍扮演学生角色，对于教师角色仅是想象，没有教学经验，只关注自己；不仅如此，对于给他们上课的教师的观察，常常是不同表情的，甚至敌意的。第二阶段是早期求生存阶段。此阶段是初次实际接触教学工作，关注的是作为教师自己的生存问题。所以，他们关注对课堂的控制、是否被学生喜欢和他人对自己的评价。故在此阶段，他们都具有相当大的压力。第三阶段是关注教学情境阶段。在此阶段关注的是教学和在这种教学情境中如何完成教学任务。所以在此阶段较重视自己的教学，关注的是自己的教学表现，而不是学

第一章 教师专业化与教师专业发展 ●●●●●

生的学习。第四阶段为关注学生阶段。虽然许多教师在职前教育阶段表达了对学生学习、社会和情绪需求的关注，但没有实际的行动，直到他们亲身体验到必须面对和克服较繁重的工作时，才开始把学生作为关注的中心。

傅乐的研究揭示了教师发展过程中所关注的事物是依据关注自身、关注教学任务，最后才关注到学生的学习以及自身对学生的影响这样的变化规律而逐渐更迭的。傅乐的研究从一个侧面反映了教师发展过程中所呈现的规律，即在不同发展阶段，教师的关注点有所迁移与变化。

傅乐所提出的教师关注阶段论，不仅为教师发展领域的研究开辟了先河，而且为后继者的研究奠定了基础。然而，傅乐的教师关注理论，其重点仍在教师的职前培育时期，因此虽然这套关注理论在师资培育方面具有重要的参考价值，但仍不足以窥视教师发展的全貌。

（二）卡茨的教师发展时期论

美国学者卡茨根据自己与学前教师一起工作的经验，运用访谈与问卷调查法，且针对学前教师的训练需要与专业发展目标，把教师的发展划分为以下四个阶段：

第一阶段为生存期。在完全没有学前教育经验的情况下，任职在一所学前教育机构中，新来的教师所关注的是自己在陌生环境中能否生存下来。这种情形可能持续一两年。在此时期，教师不仅关注自己的生存问题，而且会发现他们所预想的成功与教学实际状况之间存在差距，因此会感到自己不能胜任，或者感到对教师这一角色尚未准备好。所以这一时期教师最需要支持、理解、鼓励，给予信心、安慰与辅导，此外，更需要教学现场的支援与各种教学技能方面的协助。

第二阶段为巩固期。这一阶段会持续到第三年。在此时期的学前教师已经学习到一些处理教学事务的基础知识与方法，同时会统整并巩固在前一时期所获得的经验和技巧。不仅如此，此时的学前教师已开始关注个别学生的问题，以及思考如何来帮助学生。因此，这时教师最需要得到有关特殊学生或处理学生问题的各种信息。并且，在这一时期给予教师教学的现场协助，使教师接触专家、接受同事以及顾问的建议都是必要的。

第三阶段是更新期。这一时期可能会持续到第四年。在这一时期，教师对于平日繁杂而又刻板的工作感到倦怠，想要寻找创新的事物。因此，这一时期，必须鼓励教师参加研究会，加入教师专业组织，参加各种进修活动等。在参加活动的过程中，与其他教师彼此交换教学心得与经验，可以从与其他教师的交往中学习到新的经验、技巧和方法。

第四阶段是成熟期。有些教师进步很快，2～3年就能达到成熟的阶段，而有些教师则需要5年甚至更长的时间。到了成熟时期的教师自己已有能力来思考一些较抽象、较深入的问题，同时，这一时期的教师已习惯于教师的角色。在这一时期，教师适宜参加各种促进教师发展的活动，包括参加各种研讨会，加入教师团体组织，进修学位，收集并阅读各种学前教育的相应信息与资料等。

虽然卡茨所提出教师发展阶段论是以学前教师为主，但其内容对中小学教师的训练需求、协助教师专业成长等方面也都有参考与实用价值。遗憾的是，以卡茨为代表，还有特纳、格列高克等一批早期教师发展论者所提出的教师发展阶段论对于洞察教师发展的不同阶段具有重要的理论价值，但也存在这样一种局限：对于发展到成熟阶段以后的教师没有作更进一步的区分，从而一方面忽略了成熟教师仍然在继续成长和变化的现实，另一方面也忽视了成熟教师在漫长的职业生涯过程里，可能会产生挫折感、倦怠感而陷于停滞，不再追求教学专业上的卓越与成长。

（三）伯顿的教师发展阶段论

20世纪70年代末和80年代初，美国俄亥俄州立大学的学者们，伯顿、纽曼、皮特森以及弗劳拉等，对教师发展进行了有组织的系列研究。其中，比较突出的是伯顿的研究。伯顿从与小学教师访谈的记录数

据与资料中，整理归纳了教师们的反馈，提出了教师发展的三阶段论：

第一个阶段是求生阶段。指从事教学的第一年。在此阶段的教师，刚踏入一个新的环境，再加上没有实际教学经验，对教学活动及环境只有非常有限的知识，因此，对于所面对的各种事物都在适应之中。此时，教师所关心的是班级秩序的控制、学科的教学、教学技巧的改进、教具的使用和教学内容的了解等方面。处于此阶段的教师已开始注意了解学生并与之相处，但是，仍缺乏信心，不愿尝试新的方法。

第二个阶段是调整阶段。在进入教学第二年至第四年之间的时期，教师的知识已较丰富，心情也较轻松。教师们有精力开始了解孩子们的复杂性，此时会寻求新的教学技巧与解决问题的新方法，以满足学生各种不同的需求。这个时期的教师变得较开放，也较能关心学生，并且感觉到自己比以往更有能力满足学生们的各种不同的需求。

第三个阶段是成熟阶段。在从教五年或五年以上之后，教师们的经验更加丰富，对教学活动驾轻就熟，并且对教学环境已有充分的了解与熟悉。因此，这一时期的教师们感觉比较安心，可以放心地、专心地处理教学过程中所发生的事情。教师能够不断地追求并尝试新的方法，更能关心学生，更能配合学生的需求，即比较关心师生之间的交流。而且，在此阶段的教师发现自己已逐渐获得专业见解，并能处理大多数可能发生的新情况。

伯顿的教师发展阶段论以其率先通过对数据的处理、综合作为研究基础，而使其研究成果引人注目。然而，遗憾的是，伯顿的教师发展阶段论仍然将所有成熟教师归为一类，没有对成熟期的教师的发展作进一步的探究。

（四）司德菲的教师生涯发展模式

美国学者司德菲依据人文心理学派的自我实现理论建立了教师生涯发展模式，所以，他所提供的模式也可称为一种人文发展模式。司德菲将教师发展分为五个阶段：

第一个阶段是预备生涯阶段。这一阶段主要包括新任教师或重新任职的教师。初任教师通常需要三年的时间才会进展到下一个阶段，而重新任职的教师则能很快超越此阶段。在此阶段的教师具有以下几个特征：理想主义，有活力，富有创意，接纳新观念，积极进取，努力向上。

　　第二阶段是专家生涯阶段。这一阶段的教师具有较高水平的教学能力与技巧，同时拥有多方面的信息来源。这些教师们都能进行有效的班级经营和时间管理，对学生都抱有高度的期望，也能在自己的工作中激发自我潜能，达到自我实现的目的。同时，这时的教师具有一种内在的透视力，可随时掌握学生的一举一动.

　　第三个阶段是退缩生涯阶段。这一阶段又可分为初期的退缩、持续的退缩和深度的退缩三个阶段。初期退缩阶段的教师很少致力于教学革新，所用的教材内容年复一年，他们的学生表现平平。此类教师所持的信念都较为固执，且不知变通。他们多半都沉默寡言，跟随别人，消极行事。此时，如果教育行政人员给予适时的、适当的支持与鼓励，这些教师又会恢复到专家生涯阶段。持续退缩阶段的教师表现出倦怠感，经常批评学校、家长、学生，甚至教育行政部门，有时对一些表现好的教师也妄加指责。此外，这些教师会抗拒变革，对于行政上的措施不作任何反应，这些行为都有可能妨碍学校发展。处于这一时期的教师，或是独来独往，或是行为极端，或是喋喋不休。这些教师人际关系都不甚和谐，家庭生活有时也会出现问题。因此，这一时期的教师需要帮助。深度退缩时期的教师在教学上表现出无力感，有时甚至会伤害到学生。但是，这些教师并不认为自己有这些缺点，而且具有很强烈防范心理，这是学校最难处理的事。解决办法是让这些教师暂时转岗或转业。

　　第四个阶段是更新生涯阶段。这一阶段的教师在一开始出现厌烦的征兆时，他们就采取了较为积极的对应措施，如参加研讨会，进修课程或加入教师组织等。所以在此阶段的教师身上，又可看到预备生涯阶段朝气蓬勃的状态——有活力，肯吸收新知识，进取向上。唯一不同的是，预备生涯阶段的教师对教学感到新奇振奋，而在更新生涯阶段的教师则致力于追求专业成长，吸收新的教学知识。但在此阶段的教师，仍需要外在的支持，更需要学校行政部门的支持与帮助。

第五个阶段是退休生涯阶段。到了退休年龄，或由于其他原因而离开教育岗位，一些教师开始安度晚年，而一些教师则可能继续追求生涯的第二个春天。

司德菲的教师生涯发展模式，可以说非常清晰地反映出了教师在整个职业生涯中发展的规律与特征。不仅如此，他所提出的"更新生涯阶段"，弥补了前人理论中的不足，即当教师处于发展的低潮期时，如果给予适时、适当的协助与支持，教师是有可能度过低潮期而继续追求专业成长的。总之，司德菲的教师生涯发展模式比较完整，也较真实地诠释了教师发展历史。

国内关于教师成长阶段的研究较少，部分学者根据对我国教师实际情况的研究，也对教师成长阶段进行过划分。傅道春把一般教师成长为优秀教师的过程归纳为三个阶段：积累期、成熟期和创造期。积累期是在教师基本适应教育教学工作之后，在教育教学的知识、能力以及教学实践经验方面逐渐积累的时期，也是优秀教师区别于一般教师而逐渐成为学校教学骨干，逐渐走向成熟的阶段；成熟期是优秀教师完全适应教育教学工作时期，也是其完全掌握了教学主动权，各方面都成熟后成为学校教学骨干的阶段；创造期是教师开始由固定的、常规、熟练化的工作进入到开始探索和创新的时期，是形成自己的独到见解和教学风格的时期。

钟祖荣将骨干教师的成长周期划分为准备期、适应期、发展期和创造期四个阶段，与其相对应的分别是新手教师、合格教师、骨干教师和专家教师。①

----

①钟祖荣. 现代教师学导论：教师专业发展指导［M］.北京：中央广播电视大学出版社，2001：265.

优秀教师的专业成长之路

综合以上研究理论和我国教师专业成长的客观情况分析，我们认为教师个人专业发展的基本矛盾在于教师已有专业知识、专业技能和专业情意等专业素质与变化发展的教育教学情境的不适应性。这里的教育教学情境主要指教师专业化的国家要求、学校要求、家长要求、学生要求等在具体教育教学情况中的聚合。一方面教育教学工作要求教师达到这些要求，另一方面教师素质表现出一定的不适应性。在这对矛盾的相互作用过程中，教师通过自身的努力和组织的支持，不断地从不适应走向适应，从而在满足教育事业改革与发展要求的同时获得自身的专业发展。

教师发展是一个漫长的、动态的、纵贯整个职业生涯的历程，其间既有高潮也有低谷。通过对教师发展阶段的了解，作为教师自身，应对自己的教师生涯预作规划，以积极地回应其间的变化与需求。同时，也需以一颗平常心面对职业生涯的转变与岁月飞逝的事实。

第一章　教师专业化与教师专业发展

第四节 教师专业化发展
对优秀教师的角色要求

　　教师专业化发展对教师的传统角色提出了挑战。传统教育观点强调了教师的无私奉献精神，将教师抽象为一种圣人；强调教师要关注学生心灵的成长，像工厂里的工程师一样，按照自己既定的方案塑造学生，使学生成为一种被批量生产的规格统一的产品。这就忽略了学生本身所具有的灵性，其灵魂所需要的不是塑造，而是唤醒、激发和升华；忽略了教师和学生的合作关系、教和学的创造性以及教学相长的意识。在课程的设置上，带有统一特点；在教材的使用上，全国采用统一的教材、统一的评价；在实施传统教学时，教师处于绝对权威的地位，教师对学生实行控制，学生被迫服从。随着社会的发展，人们的教育观念发生了日新月异的变化，传统教师角色已不能适应新课程要求，现实呼唤着教师新春天的到来。那么在新时期，优秀教师的角色应该是什么样的呢？

一、"以学生发展为本"的教育者

　　"以学生发展为本"，就是将学生视为能动的主体，根据学生的特点和需要，以学生的发展为教育的价值取向。教育是培养人的社会活动，应为社会发展和学生的终生发展服务。为此，教师应把每个学生的潜能开发、健康个性发展、自我教育、终身学习的意识和能力的形成，作为最根本的任务。这就是说，现代教师的使命就是保障学生的学习权和发展权。

教师专业成长的基础在于学生的权利——发展，学生不是教师专业属性的附属物。教育以学生发展为本，就是强调把学生当作一个完整的人而不是作为工具来培养。过去，我们的教育过于偏重知识，重视对学生智力和能力的培养，而不重视对学生生命的发展，尤其是主动发展需要的满足和能力的培养。在这种教育思想指导下，将专业技能的学习和掌握作为专业发展的标志。这样，教师成了教学的工具和机器，教师毫无快乐可言，甚至会产生厌倦，使教师专业发展停滞不前。

事实上，在教育实践中，教师的发展与学生的发展是互为条件、互为促进的。教师专业发展的真正价值和意义就在于它是促进学生发展的真实的必要的条件，而这种发展最终又是以学生的全面发展为基础的。教学相长的真正含义应该是：学生在教师的发展中成长，教师在学生的成长中发展。

"以学生发展为本"的教育者必须打破狭隘的专业化概念，强调教师作为"教育专家"的专业本质。教师不再是知识的权威和代表，不再是以一种权威的姿态在课堂中"传道、授业、解惑"，而是作为指导者或建议者深刻理解学生的成长、发展，在与学生的共同合作、共同促进中求得共同的发展。

二、教学过程的设计者及评价者

教师要确定教学目标，并对重点、难点进行周密设计，让学生在认真思考、周密分析和仔细推断的基础上探索出问题的答案，对那些简单明了的基本知识，教师的单向传授仍是必要的，没有必要进行其他设计，个别过于简单的问题甚至可以让学生们自行解决。关键是，教师要根据学生基本情况的掌握，针对不同的学生特点，为不同层次的学生提

供不同层次的学习内容和方法，发挥学生的特长，使他们各自获得最大的收益。

教师还要对教学过程中的各个环节进行及时评价，特点是要对学生回答的问题、学生讨论的内容、学生的实践活动等方面进行肯定性评价。同时，教师也要对自己本课目标达成情况、学生掌握知识情况和能力水平提高情况进行综合评价。这既是教学效果的总结，也是对个人教学的反思。

三、课程改革的开发者

课程的改革，从某种意义上说，不仅仅是变革教学内容和方法，而且也是变革人的改革。课程改革将原来属于国家、专家的课程开发权力下放给了学校和教师。课程开发过程实质上是一种变革过程，因为课程可以帮助教师在课堂上重建他们的知识观及他们与学生之间的教育关系，在课程开发中提升自己的课程与教学等方面的修养。教师不再是课程的消费者和被动的实施者，而被看作是课程的生产者和主动设计者。这一观点的转变，不但为教师的专业发展营造了良好的外部环境，而且为教师专业发展提供了一条现实途径。

强调教师参与课程开发的思想要求"把课程还给教师"，这实际上给教师提出了更高的素质要求，而教师在课程开发的过程中获得的专业发展又会有助于他们更有效地投入新的课程开发过程。课程开发和教师的成长及专业发展融为一个统一的过程。

可以说，没有教师的专业发展就没有课程的发展，而教师成为课程开发者是教师专业发展的一个重要途径。

四、教育理论及教学工作的研究者

教师工作的复杂性、不确定性需要教师具有研究的态度。教学研究不仅能够有力而迅速地发展教学技术，而且将赋予教师的个人工作以生命力和尊严。教师的研究意识是教师专业发展的重要支撑，教师成为研究者，可以提高教师的自身素质和教育质量，沟通理论与实践，使教师群体从以往无专业特征的、知识传授者的角色定位提高到具有一定专业特征的学术层级上来，显示其不可替代性。

教师要成为研究者，必须具有一定的教育教学研究能力，包括：①运用信息的能力，也就是把收集的信息进行分辨筛选，获取有用的部分，最后把加工过的信息通过一定的途径输送出去。②发现问题与解决问题的能力。对于平常教育实践中隐藏的制约教育发展的问题，要善于观察、分析、反思和总结。③提炼、形成教育经验与教育思想的能力。在日常教育工作中，要具备质疑和吸纳的意识和行为，善于运用批判性思维、探究性思维、创造性思维去捕捉教育改革和发展中的成果，把总结上升为经验，最终形成自己的教育特色、教学风格和教育思想。

五、抱有"终身学习"思想的学习者

终身学习的思想来源于终身教育和学习化社会。

终身教育思想认为，教育是一个终身的过程，每个人所受的教育都不会终止于学校教育，而是使其一生受到连续的教育，直到生命的终结。教育和学习不再是单纯地传授知识，而是人的身心所有方面的全面发展，不再是从外部强迫灌输的，而是自由的、个人需要和感兴趣的。终身教育包括了贯穿人的一生不同阶段的学前、小学、中学、大学以及成人教育，是正规教育和非正规教育的总和。终身教育包括各种形式的教育，可以向受教育者提供各种可选择的教育方式和方法。终身教育不仅意味着每个人都将整个一生投入到学习之中，而且是每个人学习权利的扩展，终身教育成了人类的生活方式。

人们逐渐意识到，时代发展要求社会从"追求高学历的社会"走向"终身学习的社会"。因此，未来的教师除了在教学过程中赋予学生终身学习的理念，授予学生终身学习的方法外，更应自觉地将终身教育作为扩展自己的重要途径，在自身发展中树立终身学习的观念。

终身学习的内涵包括三个方面：①社会要确保人们适时地进行与其需要相关的学习机会和条件；②社会成员的学习是贯穿其一生的自觉行动；③学习不仅仅是通过学校等教育机构，还应包括图书馆、博物馆、体育运动设施、各种文化设施和各种大众传授媒介。

在教师专业发展中，优秀教师的终身学习显得更为重要。一名优秀教师，即使受过职前师资培养，获得了教师证书，并正式成为一名教师，他仍然需要持续学习、持续成长，才能适应教育的变革及其新要求。同时，作为发展中的个体，教师自身的成长是教师专业发展的基础，教师必须在自己的工作过程中，努力提高自己的知识水平、教育水平以及教育的实践能力，才能满足教师自身专业成长的需要，促进教师的发展。

第二章
新时期优秀教师应具备的专业素质

　　教师专业素质是教师水平的集中表现。教师职业作为一种专业性的职业，必须有与其他专业相区别的专业要求，而职业的专业化发展水平又是由其自身的性质决定的，并且与已达到的发展水平密切相关。随着教师职业专业化进程的加快，必须深入研究对现在和未来教师专业素质的要求，从而提高教师的专业水平，促进教师专业的成长和发展。

第一节　教师素质的研究

一、"素质"的界说

（一）"素质"的涵义

"素质"一词，作为一个专门性术语来说，它最初的语义是指"事情的主要成分或质量"，即"事物本来的性质"。根据中国社会科学院语言研究所编写的《现代汉语小词典》的释义："素质是事物本来的或原有的特质。"从习惯上说，人们不讲自然物体或生物体的素质，而是专用于人。在《辞海》中，将"素质"表达为"人或事物在某些方面的本来的性质或特点"。其他多种辞典大致都参照这个释义。

随着我国素质教育理论和实践的发展，人们对"素质"的释义，无论在内涵或外延方面都突破了《辞海》中关于"素质"的经典定义，对"素质"的涵义有不同的解释。从众多不同的看法中，对"素质"概念的界定主要有以下三种：

第一，是从生理学和心理学上来讲的，也就是我们通常所说的"遗传素质"。《心理学大辞典》认为，"素质"是指"有机体与生俱来的某些解剖生理上的特点，如身体的构造、形态、感觉器官和神经系统的特点，尤其是大脑的结构和机能的特点。素质虽然是与生俱来的，具有很大的稳定性，但在后天环境的影响下，在实践活动中，素质的某些特点也会发生缓慢的变化"。《教育大辞典》认为，素质本来是指"个人先天具有的解剖生理特点，包括神经系统、感觉器官和运动器官的特点，其中脑的特性尤为重要。它们通过遗传获得，故又称遗传素质，亦称禀赋"。素质就是人发展的前提条件和基础，也是教育的前提和基础。

生理学和心理学上最早使用的素质概念，被认为是素质的本义，即狭义素质，其特点是强调素质的先天性，即"后天发展的主体可能性"。

第二，是从教育学上来讲的。素质作为教育学的概念，泛指整个主体现实性，即在先天和后天共同作用下形成的人的身心发展的总水平。这被视为广义素质概念。《教育大辞典》认为，广义素质是指"公民或某种专门人才的基本品质。如国民素质、民族素质、干部素质、教师素质、作家素质等，都是个体在后天环境、教育影响下形成的"。

第三，从人们在素质概念的使用中来看，其词义是演变发展的。原来意义上严格的较狭窄的素质概念，在日常用语中已经较少使用，除在专门使用时明确称之为"遗传素质"，一般都是指后天的。比狭义素质广义一些的涵义，是指"未来发展的主体可能性"，即"发展潜力"或"发展潜能"。这种素质不是先天性的，也不是先天与后天共同作用下形成的整个主体现实性，而是主体现实性中反映未来发展可能性的部分。

(二) 素质的结构

由于人的素质十分复杂，素质可按不同的依据进行分类，但至今没有十分明确统一的分类依据。

不少学者以人的素质发展水平即发展层次作为分类依据。有的学者提出了德、智、体、美、劳分层说。这种观点认为，体是生理基础层次；智、德、美是心理发展层次；劳则是为各种素质的综合运用，属于实践层次。有的学者将素质由低到高分为生理层面、心理层面和社会文化层面，认为生理素质是基础，心理素质是中介，社会文化素质则构成主要内容。有的学者将素质分为文化素质、心理素质和健康素质，认为文化素质为导向，心理素质为中介，健康素质为主体。有的学者将素质由低到高分为生理素质层次、一般心理素质层次、文化心理素质层次和个性心理素质层次。生理素质是心理素质形成的基础，而在心理素质中，一般心理素质包括认知、情感、意志、需要、兴趣，它是建立更高层次素质的基础。文化心理素质则可分为具有分项社会功能的德、智、美层次与综合功能的劳动素质层次。最高层次的素质是个性心理素质层次，这是主体素质的制导系统。

　　有些研究者认为，素质的结构应该是有不同维度的。有的研究者提出，素质是由横面的经验领域与纵面的心理操作领域两面交构而成的。具体地说，经验领域的素质由德、智、体、美、劳组织，心理操作领域的素质由认知、情感、技能组成，这样纵横交错，便形成了诸多素质构成的素质群。有的研究者提出以认知、情感、技能三个领域为纵坐标，以人类的社会活动领域（主要有政治活动、交往活动、认识活动、职业活动、保全自己的活动、精神享受活动等）为横坐标，构成素质结构两维模式。

　　综上所述，虽然素质的划分还没有明确的统一标准，但我们至少可以对素质有这样的基本认识，即人是各种素质的统一体，人的素质是个整体结构，整体素质的各组成部分是相互渗透的，每一类素质中都包含有其他类别素质的成分和因素。作为整体结构的素质是有层次性的，不同层次的素质具有各自特点和作用，表现了素质的不同发展水平，各层次的素质是相互联系、相互作用的，其中，高层次的素质起主导作用。

　　对教师素质的分析，主要是从后天素质的涵义出发，并将教师素质结构与人的素质结构相对应。

二、教师素质的研究

"教师素质"是一个不断变化的概念。不同时期,不同国家对于教师素质的要求也有所不同。

(一) 国内外对教师素质的不同要求

美国规定,中小学教师必须具有广博坚实的文理基础知识,较高的文化修养;深刻掌握学科专业知识并达到较高的学术水平;具有高尚的道德品质、理智的行为和坚定的专业信念;掌握教育教学的基本理念、方法和技能以及实际教学能力;具备健全的体魄。在教育和教学能力方面,一名合格的教师应该成为教育和教学的"临床专家",具有多方面基础能力,包括教学能力,实验指导能力,科研能力,革新能力,与学生交往能力,学生升学就业指导能力,组织学生社会活动的能力,教科书的处理能力,书面和口头表达能力,示范能力,自我评价和控制能力,推理、判断和决策能力等。

日本规定,合格教师必须具备全面而广泛的素质:具有良好的道德品质和个性修养;学识广博,一专多能;精通教育专业和教育技术;具有健康的体魄,开朗的性格。日本文部省在"关于面向新时代的教师培养的改革方案"中,还对教师素质作了更前瞻的规定。

英国规定,合格教师的标准有三条:适当的人格品质,适当的学业水平,足够的教育专业方面和实践方面的知识和技能。

在新的历史时期,各国共同提出的教师素质主要包括:

1. 从全球的眼光出发而行动的能力

(1) 关于地球、国家、人类的正确理解,如全球观、国家观、人类观,对于人与地球、国与国关系的正确理解,在社会和群体中的规范意识等。

（2）完备的人格，如人权的精神，男女平等的精神，关心他人的品质和自愿为他人服务的精神。

（3）在国际社会中必备的基本素质能力，如能容纳不同的思考方法和态度，能尊重多种价值观的态度，为国际社会作贡献的态度，尊重和理解自己国家和地区的历史和文化的态度。

2. 在变化的时代和社会中人必须具备的素质能力

（1）与解决问题的能力相关的，如个性、创造力、应用能力、思辨性的思考能力、持续教育自我的能力。

（2）与人际关系相关的，如社会性、与人交往的能力、团体协作的能力。

（3）为了适应社会变化的知识和技能，如自我表现能力（包括外语交流的能力）、基础电脑应用能力。

3. 从教师的职责出发应具备的素质能力

（1）对于幼儿、儿童、学生的教育方法的正确理解，如幼儿、儿童、学生观，教育观。

（2）对于教育事业的热爱、自豪和归属感，如对教育岗位的热情、使命感，对孩子的责任感和关心。

（3）具备学科指导的知识、技能。

从上述国际上对于教师素质的一般要求中可以看出，各国对从事教师职业的专业人员群体所应具有的特质越来越趋向于统一，并开始着眼于未来社会对教师的要求。

1996 年 6 月，我国举行了全国教育工作会议，会后中共中央、国务院发表了《关于深化教育改革全面推进素质教育的决定》。决定中明确提出："实施素质教育，就是全面贯彻党的教育方针，以提高国民素质为根本宗旨，以培养学生的创新精神和实践能力为重点，造就有理想、有道德、有文化、有纪律、德智体等全面发展的社会主义事业建设者和接班人。"为了培养未来社会和国家需要的新一代，决定提出："在大、中、小学培养一批高水平的学科带头人和有较大影响的教书育人专家，造就一支符合时代要求，能发挥示范作用的骨干教师队伍。"在培养学生创新精神的实践能力方面，决定还提出了相应的对教师政治、思想、道德与业务素质等方面的要求，其中包括教师遵循教育规律，积极参与教学科研，在工作中勇于探索创新等方面的内容。从上述论述中，我们不难看出时代、国家和人民对教师的要求与希望。我国中小学教师应有的基本素质是：

在思想政治方面：要坚持四项基本原则；具有崇高的共产主义理想；具有热爱祖国的思想和感情等。

在职业道德方面：要热爱教育事业，富有献身精神；热爱学生，诲人不倦；平等待人，团结协作；严于律己，为人师表等。

在知识能力方面：具有精深的专业知识，广博的文化科学知识和丰富的教育科学知识；还要有教材加工能力、语言表达能力、组织教学能力、课堂管理能力，具有创新能力等。

此外，良好的心理素质和健康的体魄、文明的行为规范、朴实整洁的衣着、自然稳重的举止、准确严谨的语言等也是教师必备的素质。

（二）教师素质的功能

1. 良好的教师素质，是有效教育的基础和前提

高素质的教师在教育工作中有着巨大的作用，其原因在于：①高素质教师的教育与教学有权威性、真实性、正确性和可信赖性等特点，在此情况下，学生会有较强的主动性去接受和掌握知识以及接受教师的教育与引导，教师的要求就可以比较容易地转化为学生的内在需要，这会使学生在学习过程中产生积极的行为；②高素质教师的表扬或批评能唤起学生相应的情感体验，引起学生的愉悦感和自豪感，并使他们产生要学得更好的愿望，或唤起学生的悔悟、自责和内疚的情感，推动他们下决心去改正缺点和错误；③高素质教师即优秀教师会成为学生的楷模和思想的榜样，使学生产生模仿的意向，更大地发挥教师示范的教育作用。

可见，教师权威或威信是学生接受教育的基础和前提，而教师权威

或威信形成的最根本的决定因素是教师本身的素质条件，如崇高的思想品德、优秀的心理品质、渊博的学识、高超的业务能力、对学生始终如一的关心和爱护、庄重的仪表和举止等。归根结底，良好的教师素质是有效教育的前提。

2. 良好的教师素质，是教育影响的一个重要方面

首先，教育是通过控制、调节教育影响来控制、调节和引导教育对象即学生的发展的。但是，任何教育影响都需要经过选择和加工，才能进入教育过程与学生发生相互影响，而这种选择和加工主要受教育者自身发展水平的限制。只有具备较高的思想道德修养，具有扎实的专业基础知识和良好的身心素质的人，才能选择最能体现社会性质、方向和发展的教育内容，并采取最有效的方式、途径施加于受教育者。

其次，在教育活动中，教师的人格及其言行本身就是重要的教育影响或教育手段，而且这种影响在塑造青少年的灵魂中是其他影响所难以比拟的，是任何其他教育手段代替不了的。这是一种潜在的、隐性的教育影响力，表明了教师"身教"的重要性。

最后，具有良好素质的教师，可以通过自己的行为，把热情洋溢、乐观无畏的进取精神，把好学多思、审时度势的工作作风，把正直诚实、任劳任怨的高贵品质传授给学生。学生通过每日的教学关系，耳濡目染，会逐渐学到好的品质、高尚的情操、积极的志趣爱好等。

3. 良好的教师素质，对社会风尚、精神文明有重要影响

教师的思想品德、行为举止，不仅体现着教师本人的精神面貌，还直接影响着学生的精神状态，并通过学生向社会辐射和扩散，而且教师作为教育者，其一举一动在整个社会都起着示范作用，这都对社会风尚、精神文明建设起着不可忽视的作用。

综上所述，教师素质是指教师履行职责、完成教育教学任务所必备的各种素养及其应用能力的总和。教师素质是一个整体性的概念，它是教师各种素养的集合体，既有动态性的内在的一面，又有动态的外在行为的一面。教师素质是不断发展的。

第二节　优秀教师的专业素质结构

随着教师职业专业化进程的加快，必须深入研究对现在和未来的优秀教师专业素质的要求，从而提高优秀教师的专业水平，促进专业的成长与发展。

一、对教师专业素质的认识

教师作为一个复杂而特殊的社会职业，其专业化的发展应有其特殊轨迹。

首先，这是由教师工作的对象的特殊性决定的。教师的工作对象是人。教师通过自己的教育活动把学生培养成社会所需要的人，在这个过程中，教师不仅传授知识，还要承担塑造人的重任。师生间是通过面对面的、理性与情感上的不断交流而实现共同发展的。因此，教师职业具有人格化的特点，教师专业化不能局限于一般的专业范示，仅仅通过专业目标体系的严格规定去实行，而应注重教师职业的人格化特征对教师提出的要求，如教师自我意识、自我教育能力和个性品质等素养，从而展示现代教师劳动个性化和人性化的美好前景。

其次，这是由教师工作方式即教学的特殊性决定的。教师所从事的工作，主要是通过教学来进行的。教师除了要考虑学科的特点外，更需要考虑学生的发展规律和个性特点，精心设计教学过程，创造性地解决

教学实际问题，才能实现良好的教学效果。因此，教育不仅是科学，也是育人艺术，教学是一种创造性较强的综合艺术。这就决定了教师职业是一种艺术性和创造性相结合的职业，要求教师具有创造性素质是教书育人的艺术创造能力。教师工作的特殊性要求教师既是学科方面的专家，又是学科教育方面的专家。因此，教师的专业包括学科专业和教育专业，具有双专业属性。

最后，这是由教师工作中职业角色的特殊性决定的。教师承担着多种角色的职能：知识传授者、行为的典范、父母的代理人、心理辅导者、朋友、人际关系的艺术家、课堂纪律的管理员等。因此，教师的专业判断就是从多角度考虑问题，形成自我评价意识，而不是仅仅根据其掌握的专门知识来处理所面临的固定的情境。这就要求教师具有综合性的专业素质。

在讨论教师专业发展问题时，我们将教师专业发展定位在教师专业成长或教师内在专业结构不断更新、演进和丰富的过程。从这一认识出发，教师专业素质就可以理解为教师从事教育专业活动应该具有专业品质、有观念、知识、能力、专业态度和动机、自我专业发展需要意识等不同侧面的专业发展内容。

教师专业素质与前文谈到的教师素质是有紧密联系的。教师素质是一个整体性的概念，是教师各种素养的集合体。由于对教师素质的要求是与教师角色的演变相一致的，教师素质具有时代性与发展性。面对教师专业化的时代趋势，教师素质更集中地体现在如何促进教师专业发展和提高专业化水平上，以保证教师质量。因此，教师专业素质就成为未来教师素质的核心。

教师专业素质是与其他专业相区别的专业要求，真正反映了教师这一职业的专业性质，体现着教师的专业水平，是教师质量的集中表现。

二、优秀教师的专业素质结构

对教师素质结构的分析、研究有很多，如我国教育法律法规对教师素质的构成规定包括思想道德素质、文化科学素质、职业能力素质和身体心理素质。

林崇德先生等人主要围绕五个内容对教师素质展开研究：教师的职业理想是其献身于教育工作的基本动力；教师的知识是其从事教育工作的前提条件；教师的教育观念或信念是其从事教育工作的背景；教师的自我监控能力是其从事教育活动的核心要素；教师的教学行为是其素质的外化形式。同时，他们把上述五个内容概况为三个方面，即教师的师德、知识和和能力。

赵琼等人认为：①专业动机是推动教师专业化的动力。教师要有积极向上的教育动机，强烈和持久地从事教育教学工作的自觉性、积极性和主动性。②专业精神（学习精神和研究精神）是教师提高专业化水平的基本方式。③专业思想是教师从事教育教学活动的理论基础。④专业知识是教师搞好教学工作的前提条件。⑤专业技能是教师实施教学的基本手段。⑥专业证明是教师专业化水平的外在表现形式。

我们认为，优秀教师专业素质的构建可从两个方面来研究。一是人的基本素质结构：知识、技能、情感、意志和行为。二是教师专业化要求：教师要传输社会文化，因此要具备丰富的知识；教师要能组织开展好教育教学活动，因此要具备较好的教育教学技能；由于教师劳动的复杂性，教师应具有较强的事业心、道德修养、创造精神和自主性等。以上两方面结合，我们认为教师的专业素质可概括为专业道德、专业知识、专业技能和专业情意。

（一）专业道德

世界经济的全球化，人才标准国际化，教育参与市场竞争，使得教

育观念发生重大变革，深刻影响着人的价值观念和道德观念的变革。特别是新课程改革，要求教师职业道德观念与时俱进，适时融入培养创造性、开拓性、实践性人才等更丰富的内涵。因此，今天的教师，不但应有科学的人生观、世界观、价值观，为教育事业无私奉献的敬业精神，良好的职业道德和健康的心理素质，还要努力拥有新时代所推崇的新思想、新观念以及具有时代特点的先进的道德意识。

广义地说，教师专业道德是教师从事教育教学工作时必须遵循的各种道德规范的综合。它包括教师的职业道德、职业精神、思想观念、道德品质等属于意识形态领域的诸多内容。

（二）专业知识

无疑，优秀教师必须具备从事教学工作所要求的基本知识，因此，教师专业成长的过程也是一个专业知识不断学习、积累的过程。教师专业素质中的知识结构首先是能帮助教师进行有效教学的内容，这就包括：①自己拥有的内容、技能、价值观等；②有知识、技能可以帮助学生获得这些"内容"。也就是说，教师专业必须拥有最基本的两类知识：学科知识和教育学知识。

但是，教师的工作是实践性很强的专业工作，教学是创造性和艺术性的高度结合，尤其是教育学科群的形成和发展，教育学专业学位的设立，提高了教师专业的学术标准，而教育技术的现代化又使教师职业由传统的技能型发展为融科学、技术和艺术于一体的现代教育专业。这样，教师专业素质在知识结构上不再局限于"学科知识＋教育学知识"的传统模式，而强调多层复合的结构特征。

作为一名优秀的专业教师：

首先，应具备相当水平的普通文化知识，这是教师维持正常教学和不断自我学习的基本前提，主要指的是有关当代科学和人文两方面的基本知识，以及工具性学科的扎实基础和熟练运用其知识的技能、技巧，这是教师专业知识结构中最基础的层面。

其次，每位教师都有自己所教授学科，具备一到两门任教学科的专门性知识和技能，是教师专业知识结构的第二个层面。两门学科可以紧密相关，也可以相关不大，根据学习者的兴趣和能力而定。这部分知识是教师胜任课堂教学工作的基础性知识，对学生的成长和发展影响重大，与非教师的其他专业人员学习同样学科的要求相比，教师有其特殊专业要求。

再次，在教学活动中，教师只解决教什么的问题还不够，更重要的是解决如何教的问题，即如何把学科知识以学生最容易接受的方式转达给学生。这就要求教师应具备教育学科类知识。这是教师知识结构的第三个层面，是教师进行具体的教育和教学活动的理论基础，能帮助教师施行有效的教学。

最后，教师工作具有很强的实践性，它随着教学内容、学生和课堂情境的变化而变化，需要教师在教学实践过程中不断探索、总结出一套行之有效的实践性知识。这类知识是教师个人经验的积累，反映教师解决教学过程中处理问题的方式方法，具有很强的个性色彩。这是教师专业知识结构的第四个层面。

教师专业知识结构中的四个层面知识是相互支撑、渗透和有机整合的。这种整合了的专业知识表现了教师教育行为的科学性、艺术性和个人独特性，也表现了教师精神生活的丰富性和发展性，显示了教师作为一个专业人员而具有的独特的专业知识的要求。教师专业知识是教师专业成长与发展的理论基础和前提。

（三）专业技能

优秀的教师必须具备从事教学工作的基本技能和能力，因此，教师专业成长的过程也是一个专业技能不断形成、专业能力不断提高的过程。

教师的专业技能应该说有三个层次：①基本技能；②综合能力；③教育教学艺术。第一个层面是教师必须具备的基础。第二个层面是教师

对已熟知的基本技能的教育在教学情境中转化、运用的能力。第三个层面是教师对基本技能的创造性运用，具有个性化的特征，是教师追求的最高境界。

（四）专业情意

教师的专业情意是教师个体对自我从事教育教学工作的感受、接纳和肯定的心理，它包括专业理想、专业情操、专业性向和专业自我四个方面。教师的专业情意是体现教师专业特征的重要保证，是教师出色完成职业使命所必需的情趣情感和情操。

第三节　优秀教师的专业道德

一、教师的专业道德与学生思想品德

教师高尚的专业道德在学生品德培养和塑造过程中具有非常重要的作用：

（一）导向性

所谓导向性，是指教师的思想政治素质对于青少年学生的世界观、人生观、政治态度、理想信念等的形成与发展具有引导的作用。这种作用能影响甚至决定学生一生的命运和发展方向。实践证明，教师良好的政治思想素质对于引导学生思想政治进步，逐步树立起正确的世界观、人生观和正确的政治方向具有积极的影响和熏陶作用。

（二）示范性

示范性是指教师的道德观念和行为被学生当作榜样并竭力加以模仿的作用。在人的社会化过程中，个体选择什么样的认同对象制约着其日后的成长方向。青少年学生一般具有向师性的特点，教师在他们心目中是公正、善良、无私、正直等一切美的化身，是仿效和学习的范本。同时，青少年学生正处于世界观、人生观、道德观的逐步形成与发展时

期，从心理上是最容易接受影响的人。因此，在教育活动中处于主导地位的教师，不仅要成为教师活动的具体执行者和传导者、学生知识的传播者，更应成为学生生活的导师和道德的引路人。

（三）实效性

教师的专业道德高尚，在学生良好品德的形成与发展过程中就会起催化剂的作用。在教育过程中对教育效果产生重要作用的因素，有教育者的人格因素，以及他在师生关系中所具有的品质。所以，教师的品德高下有区别，必然产生迥然不同的教育效果。教师具有崇高的道德，才能引起学生对教师的崇敬、信任，从而"亲其师，而信其道"，使学生敞开心扉，乐意接受教师的忠告、教育、批评，产生良好的教育效果。基于此，"教育者必先受教育"，我们必须重视师德的培养和塑造，首先把教师自身培养好，发展好，教育好，然后才可能培育出德才兼备学生。

二、教师专业道德的时代内涵

（一）职业理想的构成

（1）师品。教师必须具有为中华民族崛起而奋斗的坚定信念和为祖国培养现代化人才的责任感和使命感，要忠诚于教育事业，爱岗敬业，尽职尽责；坚守高尚情操，廉洁从教，精于教书，勤于育人；发扬奉献精神，不断探索，勇于进取，为教育事业的改革和发展贡献聪明才智。

（2）师知。要培养高水平的学生，要求教师学识渊博，学业精深，在知识结构领域要达到：①要有深厚的专业知识和广博的相关领域知识，不断更新知识体系，及时吸收、存储学科前沿知识与研究成果，具有跨学科、跨专业的结合力，此为本体性知识；②有效实现知识"传授"的诸如教育学、心理学、教材教法等条件性知识；③实践性知识，实践性知识更多地来自教师的教学实践，是教师教学经验的积累，这种知识对于教师的专业发展具有决定性的作用。

（3）师能。①要有科学的施教知识，能把教育理论的最新研究成果引入教学过程，使教育教学的科学性和艺术性高度完整地统一起来。②熟练掌握现代教育技术的操作和应用，能够利用现代教育技术，恰当有效地选择教学方法和方式，直观形象地展示教学内容，使知识传授与创新思维培养相结合，培养学生的创新精神和创新能力。③有创新精神，积极开展教育行动研究，探索新的科学的教育方法、模式，在耕耘中拓宽视野，在执教中提炼、升华师技。

（4）师表。要执教则必须"为人师表"，因而必须模范地遵守社会公德，严于律己，作风正派，时时处处事事严格要求自己，并要先于、高于、优于一般社会成员，坦诚接受学生、社会与自我监督、评价。

（二）科学的教育理念

教师要具有服务意识，即要有"一切为了学生，为了学生一切，为了一切学生"的思想。

首先，要转变三个观念。①要转变教师观，教师要由知识的传授者转变为学生学习的指导者、促进者。②要转变学生观，教师要树立学生主体观，尊重学生的人格，尊重学生的观点，承认学生的个体差异，相信学生都存在发展潜能，积极创造和提供满足不同学生学习成长的条件。新课程的学习过程是学生获取知识、学会学习、掌握知识和技能的过程，同时也是学生丰富情感、完善自我、学会合作、学会做人过程。③要转变教学观，教学过程要由传授和记忆知识的过程转变为学生发现信息、加工信息、研究问题、增长知识的过程。为此，教师要不断提高对信息技术的运用能力，促进信息技术与教学内容的整合，改变教学内容的呈现方式和师生互动方式，从根本上有效促进学生学习方式转变。

其次，要建立新型的师生关系，学会关心、热爱自己的学生。积极构建一种民主、平等、互动、合作型师生关系，在与学生交往互动、合作交流中及在与学生心灵碰撞、情感交融中健全学生人格、完善学生个性，促进师生共同发展。

最后，要开展丰富多彩的师生活动，培养师生间的真挚情谊。通过开展诸如师生联谊会、演讲会、歌咏比赛等活动，加强教师与学生的情感交流，使"师生情、生生情、艺术情"融合成一股浓浓的"情感流"，建立起师生间的真诚、平等、合作、共生的关系。

（三）完善师德内容

与其他职业相比，教师职业的劳动是培养人的劳动，教师把自身的各种特性作为手段去影响或感染劳动对象，从而使受教育者的自身发生预期的变化。这个特点决定了教师的专业道德有着其他职业所不具有的或是更高的职业道德准则和规范。概括起来，教师专业道德应主要包括以下内容：

（1）热爱学生，教书育人。热爱学生包含有极其丰富和深刻的内容，它包括尊重学生、理解学生、信任学生、关心学生、对学生寄予期望、严格要求学生等多重含义。热爱学生是教书育人的基础，是学生信任教师的基本条件。爱是学生成长和发展的基本需要，爱学生是教师的天职。教书育人是指教师在向学生传授科学文化知识、训练专门技能的过程中，应始终关心学生的思想品德进步，塑造学生健康美好的心灵，教师的职责就是既教书又育人。

（2）爱岗敬业。教师崇高的职业在社会中的重要作用决定了教师必须热爱自己的职业岗位，必须把它与祖国和人民的教育事业，与中华民族的伟大复兴，与社会主义现代化宏伟事业和塑造"有理想、有文化、有道德、有纪律"新人的重大工程紧密地联系在一起。敬业就是要求广大教师要按《教育法》、《教师法》的要求，认真履行人民教师应尽的职责。这种职责是基于对国家、民族和社会未来的一种深沉的使命感，而又落实到对每一个学生的高度责任心。

（3）锐意进取，严谨治学。严谨治学的职业精神自古就有，而时代又赋予了它新的含义。为了提高自身的教育教学水平，培养全面发展的新一代，教师在精通所授科目的专业知识的同时，要学而不厌，锲而不舍，博闻强记，精益求精；以科学的态度和方法钻研和学习，不断更新知识，掌握最新的科学知识和信息；以创新的精神探索教育教学规律，以自强不息的毅力去追求更高的发展。

（4）以身作则，为人师表。教师表现出怎样的思想品德、治学态度、行为举止，对于可塑性、模仿性很强的青少年学生，起着直接的影响和感染作用。教师工作的示范性很强，身教更为重要。教育无小事，教师无小节，教师要以自己渊博的学问、高尚的道德、光明磊落的行为影响学生，在各方面都应成为学生的榜样，起表率作用。

（5）追求"身正"修养。可以说，教师职业的特点和职责要求其职业修养高于一般公民。原因在于教育是健全人格的事业，教师的劳动自始至终表现为人与人之间相互影响的过程。因此，作为教师应努力加强自身道德修养。古人云："耻其言而过其行"，"正人先正己"。这是因为："其身正，不令而行；其身不正，虽令不从。""不能正其身，如正人何？"广大教师只有通过不断学习和努力，注意加强自我道德修养，才能达到理想的职业道德境界。

作为优秀的人民教师，要以上述规范要求自己，这既需要自身的修炼，也需要环境的涵育。

三、优秀教师专业道德建设的有效途径

教师高尚的专业道德的形成，外因虽然重要，但最主要是要靠自律，即自我修养、自我塑造，专业道德作为教师的行为规范，主要通过教师内心的信念起作用，主要依靠教师在师德修养过程中的自我意识和

自我觉悟。专业道德建设要求教师在实践中，注意自我学习、自我修炼、自我约束、自我调控。

作为优秀教师，要如何加强自律呢？

首先，要具有一种"春蚕到死丝方尽，蜡炬成灰泪始干"的牺牲精神，乐于为祖国的教育事业无私奉献，把学生的每一个进步当作自己前进的动力。

其次，要善于学习。崇高的专业道德是科学的世界观、人生观、价值观的具体体现。科学的理论是实践的先导。因此，要提高专业道德认识，培养专业道德意识，铸造良好的师德，就必须认真学习马克思列宁主义、毛泽东思想、邓小平理论和"三个代表"重要思想，树立坚定正确的政治方向和科学的世界观。注重学习教育学、心理学等教育科学理论，以掌握教育规律和青少年心理发展规律，来指导自己的教育行为。认真学习《教育法》和《教师法》以及《未成年人保护法》等相关法律。学法而后知法，知法才能守法。每一位优秀教师必须认真领会有关教育法规的精神，用法律法规来约束、规范自己的言行。

最后，要提高心理素质。教师在教育实践中，通过自我观察、自我控制、自我调适等心理调适，不断锤炼自身，完善、提高心理素质，使自身的思想、情操、智慧、个性、意志等逐渐趋于完善。这是对教师专业道德修养提出的新的要求，因为，教师的健康心理是教师专业道德修养的内在基础，保持心理健康也是教师专业道德修养的重要组成部分。

第四节　优秀教师的专业知识

　　教师知识类别的多样化和分类体系的多样化，决定了教师知识结构和体系的复杂性。从优秀教师的专业成长角度看，优秀教师的知识应包括文化知识、学科专业知识、教育学科类知识和个人实践知识。

一、科学文化知识

　　教师的文化知识是指教师作为一个教育者，不论他从事何种具体的教育教学工作，对于他所遇到的各种教育情境都有一定帮助的，便于他开展有效的教育教学工作的各种知识的总和。教师承担着培养下一代知识技能和身心发展的教育任务，对培养人而言，没有比广博的文化知识更有助于教师的教育教学行为，更能提高教师的整体素质。

　　教师专业化的特点之一就体现在对各种不同知识和理论进行选择、组织、传递和评价，并在这个过程中进行知识创新的专业能力。这就要求教师要了解和掌握某个具体学科的知识和理论，以及各个学科和领域知识之间的关系。教师只有具备了广博的文化知识，才能融会贯通，得心应手，更好地理解所教学科的知识，并把所教的学科知识与其他学科有机地结合起来；才能够有效地激发学生的求知欲望和学习兴趣，满足每一名学生的探究兴趣和多方面发展的需要；才能够帮助自己更好地理解教育学科知识，使自己的教育教学丰富多彩，促进学生全面发展和素

质的提高；才能够提高自己在家长和学生心目中的威信。从各国教师教育的实践来看，以下几个方面的文化知识对教师来讲是不可或缺的：①人文类知识，如哲学、社会学、人类学、经济学、政治学、伦理学、历史学、地理学等方面的知识；②科技类知识，如一般的自然科学常识，文理学科交叉的知识；③工具类知识，如外语、数学、计算机、文献检索、应用文写作等方面的知识；④艺术类知识，如体育、美育、卫生与保健、书法、音乐、舞蹈、戏剧、摄影、绘画、文学欣赏、影视评价等知识；⑤劳技类知识，如一般的劳动生成知识，现代工农业生成的基本原理等知识。

二、学科专业知识

所谓学科专业知识就是教师对任教学科所具备的相关知识，是教师知识结构中的主干部分。教师如何能具有精深的学科专业知识和技能，熟悉本学科的体系和内容，将有助于深入浅出地向学生传授相关的知识；如果教师本身不具备这些学科专业知识素养，则很难期望教师能帮助学生掌握这些学科知识与技能。

学科专业知识指与教师任教学科相对应的专业理论知识。如担任物理课教学的教师，必须具有物理专业的理论知识。教师的劳动是一种复杂的、创造性的劳动，要成功地完成教学任务，首先要精通所教学科的知识，对自己所教学科的全部内容有深入透彻的了解。教学的许多工作，如选择有价值的学习活动，提供解释，提出创造性的问题，评价学生的学习等，都依赖教师对学科的理解。缺少这种学科背景，即使教了多年的书，学科教学知识并不会在教学的过程中自动地演进。反之，如果对学科有很透彻的了解，则学科教学知识会随着教学经验的发展而发展。教师只有完整、系统、扎实、精深地掌握学科专业知识，才能在科学体系中把握自己讲授的学科，在教学中通观全局地处理教材，使知识教学不只是以符号形式存在，以推理、结论方式出现，而且能展示知识本身发展的无限性和生命力，能把知识"活化"；才能教给学生掌握各种知识、技能的方法，发展学生的智能，举一反三，引导学生在学科知识的海洋中畅快地遨游；才能根据不同的教育对象选择有效的教学方法进行教学，在教学中真正实现科学精神和人文精神、理论和实践、知识和人生的统一，充分发挥学科知识全面育人的价值。

三、教育学科类知识

教师专业化主要体现在对学科知识的组织、传递和评价等方面，教师要成为学生心智的研究者，不仅需要学科专业知识，而且需要教育专业知识。具体地说，教师的教育专业知识又包括以下两方面：

1. 一般教育学知识

一般的教育学知识与范围相当广泛，包括教育学基本理论、心理学基本理论、德育学、教学论、教育史、教育社会学、教育心理学、教育管理学、教育法学、比较教育、教育改革与实验、现代教育技术知识、教育科学研究等。优秀教师只有全面系统地掌握教育专业知识，才能确立先进的教育思想，正确地选择教学内容与方法，把自己掌握的知识和技能科学地传递给学生，促进学生全面发展。

教育专业知识是教育实践的概括和总结。21世纪的优秀教师不仅要善于在教育实践中学习和运用教育专业知识，还要善于将自己的教育实践，尤其是成功的教育教学改革经验，加以概括和总结，提升为揭示教育规律的新的教育理论和知识。

2. 学科教学知识

教师运用学科知识应该与其他人不同。教师不是历史学家，而是讲授历史的人；不是科学家，而是教授科学的人。教师的学科知识应该在特性上与其不同，而非内容上。舒尔曼认为，学科教学知识是区分教师和一般知识分子的一种知识体系。他提出，学科教学知识就是把"内容"和"教学"糅合在一起，变成一种理解，使其具有"可教性"，知道在某种特定主题、问题或议题上，如何针对学生的不同兴趣与能力，把教师的学科知识进行组织、表达和调整，从而进行教学。教师要考虑的不只是学科本身，还要把学科内容当成与儿童整体经验的成长有关的因素，也就是要把学科"教育学化"和"心理化"。如此，教师的学科知识就会因教师对学生、课程、情境以及教学法的了解而得以丰富和扎实。

四、个人实践知识

个人实践知识是教师知识拓展的一个重要方面。

个人实践知识，一般是指教师关于课堂情境和在课堂上如何处理所遇到的困境的知识。它不同于专业学科知识、一般教学法知识和学科教学法知识，它更集中地反映了课堂教学的复杂性和互动性的特征，是建立在专业学科知识和一般教学法知识基础上的，是一种体现教师个人特征和教学智慧的知识。

个人实践知识来自于实践，是一种临床性的知识，它既有直接获得的个人经验积累，也有通过情境学习间接获得他人经验的借鉴。具有了个人实践知识，教师面对不确定的教学条件能做出复杂的解释，能在具体思考后采取适合特定教学情境的行为。个人实践知识具有明显的情境性，还有个人经历、意识、风格及知识结构的影响，表现出许多行为细节，有时是用外显的可观察、可分析的行为言语表现的，也可以是以个体化的语言而存在的。教师的案例分析、教师行为的访谈、教学经验介绍都为教师提供了丰富的个人实践知识。

教师拥有了个人实践知识，标志着教师专业发展有了重大进步，意味着教师开始了自己个人特点的专业知识结构的构建。因为此时，教师的专业发展不再仅仅是接受前人总结出来的普遍适用的原理或规律，或书本上的知识，而是自己探索形成富有个人特征的知识结构；它不仅是教师从别人那里直接接受的过程，而且对个人而言是一个积累、发展和创造的过程。

由于个人实践知识是依存于有限情境的经验性知识，是以实践性问题的解决为中心的综合多学科的个体性知识，必须通过日常教育实践的创造与反思过程才能得以形成。这就要求教师建立对教师自身的实践的反思，特别是借助于教育理论指导下的案例解读，逐渐积累而形成自己的见解和创意。

科学文化知识、学科专业知识、教育学科类知识和个人实践知识共同构成了现代优秀教师的必备知识，四者缺一不可。知识整合，意味着不是将这些知识简单累加，而是在培养、培训优秀教师这一目标的导向作用下，有针对性地对相关知识加以选择，并按一定的逻辑顺序加以排列组合。

第二章　新时期优秀教师应具备的专业素质

第五节　优秀教师的教学技能

一、教学技能

教学技能指教师在教学过程中运用一定的专业知识和经验顺利完成某种教学任务的活动方式。在心理学中，技能一般被分为狭义的技能和广义的技能。狭义的技能指技能的初级阶段或初级水平，即在一定的知识基础上按照一定的方式通过反复练习，或由于模仿而达到"会做"某件事或"能够"完成某种工作的水平；广义的技能则是指技能的高级阶段或高级水平，即在掌握初级技能的基础上经过反复练习，使活动方式的基本成分达到自动化的程度。教师的基本功可以看作是狭义的教学技能的范畴，一般泛指教师具有书写钢笔字、粉笔字、毛笔字（简称"三字"）和用普通话说话、讲话、朗读（简称"一话"）的本领，以及会制作教具、教学挂图，会编写教案、编排板书、画教学示意图，熟悉教学大纲和教材等。

国外关于教学技能的研究盛行于 20 世纪 60 至 70 年代。美国的"模拟教学"、"微格教学"等都是强调教师教育中发展教师教学技能的产物。

1992 年 9 月，原国家教委师范司印发了《高等师范学校学生的教师职业技能训练基本要求（试行稿）》，1994 年又颁布了《高等师范学校学生的教师职业技能训练大纲（试行）》，要求师范生在教育学、心理学和学校教育理论指导下，以专业知识为基础，掌握从事学科教学的基本要求，形成独立从事学科教学工作的技能。这些技能包括五个方面：①教学设计技能；②应用教学媒体技能；③课堂教学技能；④组织、指导学科课外活动的技能；⑤教学研究技能。

广义的教学技能即教学技巧，是教学技能的高级阶段，是"教学行为专业性"的重要方面，反映了教师运用已有知识或经验来完成教学任务的熟练程度和水平。

澳大利亚的特尼等人通过研究把教学技巧分为七大类，这一分类具有比较广泛的代表性：①动力技巧，包括加强学生的行为，多样化刺激、入门、鼓励学生参与、接受并支持学生感受，表达温暖热情以及认识并满足学生的需求；②讲授及交流技巧，包括解释、戏剧化、阅读，使用视听教学辅助工具、终止、使用沉默、鼓励学生反馈、澄清、表情、速度以及有计划的重复；③提问技巧，包括反复集中与指导、引导，高难问题、歧异性与多样性问题以及激发学生主动性；④小组个人辅导技巧，如组织小型小组工作，培养独立学习能力，咨询、鼓励合作活动及学生间相互作用；⑤培养学生思考技能，如鼓励探索性学习，指导发明，制定概念，使用刺激手法，使用角色和游戏刺激思维，培养学生解决问题的能力，鼓励学生进行评价与判断并培养其批判性思维；⑥评估技巧，包括认识与评价学生进步，确定学习困难，提出补救办法，鼓励自我评估及组织评估讨论；⑦课堂管理与纪律，包括认识专心与不专心行为，监督课堂小组工作，鼓励以任务为目标的行为，给予指导并解决多重问题。

总之，教学技巧的功能在于引导学生的学习活动，并控制课堂气氛与学生的注意力，使教学活动能顺利进行。为此，教学技巧可归纳为：①导入技巧——唤起学生的注意力，刺激学生的学习兴趣；②强化技巧——适时对学生正确的学习行为给予奖赏；③变化刺激的技巧——变换感觉的途径，变换交流的模式，变换语言声调；④发问的技巧——训练、改善学生的反应，增强学生的参与程度；⑤分组活动的技巧——组织小型学习小组，指导咨询，鼓励协作；⑥教学媒体运用技巧——板书的设计，教具的使用，现代化教学手段的掌握；⑦沟通与表达的技巧——书面语言的使用，口头语言的表达，体态语言的运用；⑧结束的技

巧——总结学习的表现，拎出问题的要点，复述学习的重要；⑨补救教学的技巧——学生的个别辅导，学生作业的指导。

二、教学能力

教育教学能力是指教师达到教学目标，取得教学成效所具有的潜在的可能性，它由许多具体的因素组成，反映出教师顺利完成教学任务的直接有效的心理特征。教学能力和教学活动密切结合在一起，并在教学活动中得以展现，这种展现是可以观察到的、外观的行为，因此，对教学能力的评价需要借助于教学行为的观察。在这里，教学行为泛指一切在教学过程中可以直接观察到的教师行动，比如教师讲话、写板书、问问题、控制课堂教学秩序等行为。

美国佛罗里达州在 20 世纪 70 年代发展了一项教师能力的研究，提出教师的 1276 项能力表现，其主要方面包括：①量度及评价学生行为的能力；②教学设计的能力；③教学演讲的能力；④负担行政职责的能力；⑤沟通能力；⑥个人自身发展的能力；⑦使学生自我发展的能力。

国内有关教师能力结构的观点主要有以下几种：

研究者	教师的能力结构
邵瑞珍	①思维条理性、逻辑性；②口头表达能力；③组织教学能力
曾庆捷	①信息的组织与转化能力；②信息的传递能力；③运用多种教学手段的能力；④接受信息的能力
研究者	教师的能力结构
罗树华 李洪珍	①基础能力；②职业能力；③自我完善能力；④自学能力
徐君藩	①自学能力；②表达能力；③组织能力；④教育机智和专科能力
林崇德	最重要的三种能力：①教育教学的监控能力；②应用现代化教育技术的能力；③心理健康教育的能力

教师的教学能力历来受到人们的广泛关注，优秀的教师必须具备良好的教学能力。我们认为，良好的教学能力主要包括：

（1）教学设计能力。教学设计能力指教师在具备基本的专业知识和教学技能的基础上，能够综合运用这些知识的技能，根据教学大纲的要求设计出适当的年度和单元教学计划的能力。具体来说，这方面的能力有：掌握和运用教学大纲的能力，掌握和运用教材的能力，选择和运用教学参考书的能力，制定教学计划的能力，编写教案的能力等。

（2）教学实施的能力。教学实施的能力是教师在一般教学情境下有效地实施所设计的教学计划，并能根据实际情况控制教学情境的能力。教学实施能力也是多种具体能力的综合，如选择和运用教学方法的能力，因材施教的能力，课堂教学组织的能力，运用各种教学技巧的能力和教学机智等。

（3）学业检查评价的能力。教学检查评价的能力是指教师在教学过程中收集资料，运用各种评价方法了解学生的学习状况，以判定教师是否完成了预定的教学目标，学生是否达到了预定的学习目标，从而根据反馈的信息来补救或改进教学工作的能力。如设定评价目标和评价标准的能力，收集评价资料的能力，选择和运用评价方法和评价工具的能力，分析或解释评价资料与结果的能力，以及反馈矫正的能力等。

当然，上述的教学能力并不是孤立存在的，它是建立在一般能力基础上的。有人把这些一般能力概括为两个层次：①自学能力、表达能力、组织能力、教育机智和专科能力；②观察力、记忆力、想象力、思维力和注意力。也有人把此称为教学的基础能力，并概括为三个方面：①智慧能力，包括迅速准确、深入细致、客观全面的观察力，敏捷深刻、有创造性的思维力，丰富、合理、新颖的想象力，准确、迅速、持久的记忆力；②表达能力，包括准确、生动、有条理的口语表达能力，自然轻松、大方得体、富感染力的体语表现力；③审美能力，包括感受美的能力，鉴赏美的能力和表现美的能力。

第六节　优秀教师的专业情意

在今天的教育界，"情意"已是一个耳熟能详的词语，越来越受到人们的重视。但情意这一概念究竟包含着什么含义？包含了多少含义？对此却是见仁见智。

在马丁和布里格斯提出的情意领域的分类中，则包含了自我发展、价值、道德与伦理、态度、社交能力、持续性动机、兴趣、情绪及情感、归因等方面的目标，其中自我发展为最高层次的情意目标。

库尔特曾围绕与实习教师个性的非认知方面有关的心理结构对实习教师的情感研究范围进行了界定，其构建的研究架构主要包括如下方面：①价值观念、态度和兴趣；②自我概念和自我尊重；③关心和焦虑；④信仰。

安德森在教师的情感师范教育计划中提出，从情感观点考虑，教学行为必须被看作是两个自我（教师和学生）之间的相互作用，两者之间没有高低贵贱之分，其中经验较丰富的一方对另一方进行最耐心的指导。因此，两个目标形成了教师情感教育计划的基础：①提高自我意识和他人意识；②提高人际关系的技能。

从众多的有关情意领域的研究界定中我们不难发现许多共性的方面，这些方面是态度、价值观、信念、兴趣、自我意识和他人意识等。在此，我们把优秀教师的专业情意成长的内涵归纳为以下方面：

一、专业理想

教师的专业理想是教师对成为一个成熟的教育教学专业工作者的向

往与追求，它为教师提供了奋斗的目标，是推动教师专业发展的巨大动力。具有专业理想的优秀教师对教学工作会产生强烈的认同感和投入感，愿意终身献身于教育事业。具有专业理想的优秀教师对教学工作抱有强烈的承诺，他们致力于改善教育素质以满足社会对教育专业的期望，努力提高专业技能和专业服务水准，努力维护专业的荣誉、团体、形象等。

二、专业情操

教师的专业情操是教师对教育教学工作带有理智性的价值评价的情感体验。它是构成教师价值观的基础，是构成优秀教师个性的重要因素。教师的专业情操包括：①理智的情操，即由于对教育功能和作用的深刻认识而产生的光荣感与自豪感；②道德的情操，即由于对教师职业道德规范的认同而产生的责任感和义务感。

三、专业性向

教学工作的专业性向是指教师成功从事教学工作所应具有的人格特征，或者说适合于教学工作的个性倾向。霍兰德"人业互择"的职业选择理论认为，社会有成千上万种职业，也有成千上万个劳动者。一方面，个别劳动者的个性千差万别，其能力、兴趣也有限；另一方面，各种职业由于其劳动或服务对象，所使用的工具，劳动支出形式及人际关系环境的特殊性，对从职者的个性素质也有特定的要求。因此，霍兰德根据个性心理素质与择业倾向把劳动者划分为六种基本类型：①实际型；②学者型；③艺术型；④社会型；⑤事业型；⑥常规型。根据职业本身的内容与对劳动者素质的要求把职业也划分为六种类型：①实际型；②调研型；③艺术型；④社会型；⑤企业型；⑥常规型。某一类型的劳动者只有从事类型相同的职业，才能发挥特长，做出成绩。霍兰德

认为，社会型劳动者喜欢从事为人服务和教育他人的工作，其个性适合做教师，因为他们热情慷慨，善于交际，关心他人，人际关系融洽。他们总在寻求与群众接触的机会，渴望发挥自己的社会作用。他们给人的印象是：向上的、乐于助人的、有责任心的、合作的、理想主义的、合群的、耐心的、八面玲珑的、友好的、仁慈的、善解人意的、慷慨的、有说服力的和温暖的。

在上述三个方面中，树立崇高的专业理想，养成高尚的专业情操是教师专业情意发展的主要内容，教师的专业性向由于在很大程度上是属于"先存的教师特性"，不易受后天发展的影响，即使改变也是一个长期的过程。

四、专业自我

与传统上强调教师的知识和能力倾向相反，在教师专业素质的情意领域，人们越来越重视教师的自我意识和自我价值。库姆斯在20世纪60年代出版的《教师的专业教育》一书就提出，一个好的教师首先是一个有独特人格的人，是一个知道运用"自我"作为有效的工具进行教学的人。高度"自我"的教师，倾向于以积极的方式看待自己，能够准确地、现实地领悟他们自己和所处的世界，对他人有深切的认同感，具有自我满足感、自我信赖感、自我价值感。

对教学工作来说，教师的专业自我是教师个体对自我从事教学工作的感受、接纳和肯定的心理倾向，这种倾向将显著地影响到教师的教学行为和教学工作效果。从这个意义上说，教师专业成长与发展的过程也是教师专业自我形成的过程。

第三章
在与自我的对话中成长

　　反思对促进教师的专业成长具有重大意义。提倡教师在专业实践中反思、培养反思意识和能力是当今教师教育的一个主流。优秀教师应该在认识反思的本质及其对自己专业成长的意义基础上，掌握科学的反思技巧和策略，从而在教育教学实践过程中自觉地进行反思，逐步成长为反思型教师。

第一节 教师反思的内涵

反思是教师自身发展的基础和前提，也是教师成长的新起点。因此，了解反思的内涵，提高教师的反思能力是十分重要的。

一、对"反思"的解读

反思能力是教师应具有的教育能力素质。就"反思能力"而言，其核心概念是"反思"。

西方哲学中，反思通常指精神的自我活动与内省的方法。也就是说，反思原本是一个哲学认识论名词。英国哲学家洛克认为，认识一方面是由外界事物作用于我们感官而引起的感觉所形成的，另一方面是由对我们的心灵活动的观察所形成的。德国哲学家黑格尔把反思理解为间接的知识，即事物本质的反映。法国哲学家笛卡儿说，"我思故我在"。否定"我思"，就是"反思"。"反思"发展到现在，已经成为一种普遍的思维方式。由是，当代学者周德义对"反思"概念作了如下界定：反思是对思维的思维。反思是一个内在否定的认识过程，反思是一种辩证的思维方式，反思是一种具有创新意义的理想境界，反思是过渡并到达真理的桥梁。

中国哲学历来是充满着反思精神的，所谓"扪心自问"、"反躬自省"、"反求诸己"、"举一反三"、"三思而行"等，都包含着深刻的反思成分。中国古代哲学家曾子说"吾日三省吾身"，把反思作为自己修行的主要方式。现代人如何对现有的感性、知性知识加以辩证反思，以期获得理性的认识和理解，并促使其鲜活起来呢？那就必须知会反思的特点，必须经过对感性、知性知识的去伪存真、去粗存精、由表及里、由浅入深的与时俱进的过程，以此才能揭示它们的内在本质和必然性。因此，学会反思，既是面对新背景、新变化，适应新形势、新情况，运用新思维、新办法，解决新矛盾、新问题的客观需要，也是实现以人为本，构建学习型社会的必然要求，又是不断推进理论创新，提高认识和思辨能力，实现理论与实践相统一的基础和前提。

关于反思的层次。人们对于事物的认识有感性认识、知性认识和理性认识这几个阶段。只有当思维超越了感性物质世界上升到更高的层面达到普遍性时，人们才能进入到反思的思维层次。但是，以感觉性作为思维对象的反思（称为感性反思），因为尚未完全摆脱外在客观性，没有把反思本身作为思维的对象，因此说这种反思尚属于初级阶段或低级水平。当思维以经验事实和知识作为对象进行思维时，这种思维就属于中级阶段或水平的知性反思。知性反思是对感性思维的超越。只有完全摆脱感官和直接经验的影响而作纯粹的抽象思维时，人们才进入到高级阶段的理性反思。理性反思既是感性反思和知性反思二者的统一，也是对二者的内在否定和超越。故而，反思是理性的，感性反思不是真正意义上的反思。一般认为，反思活动是从知性开始的。知性是最初阶段的反思和最低级阶段的理性，因为知性反思活动常常是从感性思维的意义入手的，或者说是把感性思维作为对象进行反思的。也因为反思的本质是思维，所以在更为广阔的意义上，我们也把感性思维称之为反思。

由此，反思具有层次性，它是从对感性世界的反思中，通过知性反思环节，逐步地走向理性反思的。三者的关系是递进的，前者是后者的基础，也是后者必不可少的环节；而后者是前者发展的内在超越和必然性。只有理性反思才是真正的具有真理意义的辩证反思；达到理性反思阶段，才能实现理性认识与客观实在的统一，才能深化甚至升华认识，并且经过实践的外化作用，使主体反思的成果显现出来。

关于反思的特点。一般说来，反思具有换位性思维、规律性思维和

整体性思维的特点。所谓换位性思维，就是换个角度、换个角色思考问题。当"我"（主体）在思考问题时，不仅仅站在自己（主体）的位置上，还要站在服务对象（客体）和第三者（裁判）的位置上来思考问题。中国传统文化中推己及人的思维方式，即孔子倡导的"己所不欲，勿施于人"等，就是换位思维的基础和标准。所谓规律性思维，就是反思要遵循规律性原则。规律性就是人们已经认识和掌握的客观性，或者事物内在发展的必然性。规律具有固有性，不可以创造，不可以消灭，不可以改变，可以认识与利用的特性。所谓整体性思维，就是指反思具有全面性、综合性的特点。整体是有机的，反思的整体性是辩证的综合统一的过程。从另一个角度说，换位性思维、规律性思维和整体性思维，又是反思的三种方法。

二、什么是教师反思

20 世纪 30 年代，有关教师反思的思想和理论在西方国家的教育领域逐步酝酿并形成。杜威指出：反思是人们"对于任何信念或假设性的知识，按其依据所进行的主动、持久的、周密的思考"。他认为，反思是教师最重要的素质之一，并指出虚心、专心及责任心是反思行为的三个基本特质。

目前，关于反思性教学的解释还有很多，大多倾向于胡森主编的新版《国际教育百科全书》中对"反思性教学"的定义："反思性教学是教师借助于逻辑推理的技能和仔细推敲的判断以及支持反思的态度进行的批判性分析的过程。"① 这一定义道出了"反思性教学"的某些共性，如"反思性教学"需要理性的思考，需要批判的态度和方法，是教育

①洪明. "反思性教学"的内涵和意义探析［J］. 中国大学教学，2001（6）.

主体自我分析和批判的过程。

我们认为，教师反思，简单地说，就是指教师在教学过程中，将自我和整个教学活动本身作为意识的对象，不断地对自我及教学进行积极、主动的计划、检查、评价、反馈、控制和调节的过程。教师的反思，又称为反思性实践或者反思性教学。

这里有必要指出的是，反思并非教师对教育教学工作进行一般意义的思考和回顾，而是要从反思自我开始，进行反思教学，反思育人，反思课程，反思生活等等。即根据反思对象的不同，采取相应的反思方法和策略，达到反思的目的。可以说，掌握了反思的方法和策略，教师就拥有了开启反思之门的钥匙，同时也意味着教师掌握了一定的反思能力。如此看来，有意识、有针对性地培养教师的反思能力至关重要。

健康而理性地反思教育教学实践，其作用不仅在于唤醒教师被程式化的生活所麻木的意识，使之重新审视自己的认识理念、知识框架和行为模式，而且通过反思自我的行动，为专业知识和实践提供鲜活的内容，并有效改善心智模式，实现作为教师的价值。美国教育家费尔教授认为，教师应从固定僵化的程序和大量偶然的事件中解放出来，获得"教育的自由"。而要获得解放，达到自由的教育境界，就必须以教育者的"自我反思"为前提。时下，许多教师被日常具体的甚至与教育不相干的繁琐事务所缠绕，没有系统地梳理和审视过自己的教育观念和教学行为，以致对工作持"不证自明"、"日用不知"的态度，对自己的职业只知其然而不知其所以然，对教育的本质、教育对象、教育的方法与过程缺乏洞悉，对自己的知识结构、教育能力、教育绩效不能做出正确的评价。尤其面对当前新的课程改革，有些教师茫然而不知所措，不知道该做什么，能做什么，做得怎样，应该怎样应对改革并转换角色等。无疑，对教育教学问题进行追问、探究，强化反思意识，提高反思能力，提升工作水平和境界，将成为教学改革的主导，成为教师专业成长的关键。

第三章　在与自我的对话中成长

第二节　教师反思与教师专业发展

一、教师专业发展：对"教师成为反思者"的关怀

1966 年，联合国教科文组织与国际劳工组织在《关于教师地位的建议》中提出：应当把教师职业作为专门职业来看待。《世界教育年鉴》于 1963 年和 1980 年两度以教师和教师教育为主题：1963 年的主题是"教育与教师培训"，1980 年的主题是"教师专业发展"。此后又有多次专门以教师专业发展为主题的国际会议，对深刻理解教师专业发展概念、在实践中促进教育专业发展起到了积极的推动作用。

进入 20 世纪 80 年代，教师专业发展日趋成为人们关注的焦点和当代教育改革的中心主题之一。教师专业化发展在经历了原来的"组织发展"——谋求整个专业社会地位提升的工会主义取向和强调教师入职的高标准的专业主义取向阶段后，进入"专业发展"的阶段，出现了教师专业发展的理智取向理论、实践—反思取向的理论和生态取向的理论。理智取向的理论认为，教师欲进行有效的教学，最重要的，一是自己拥有"内容"，二是有知识和技能帮助学生获得这些"内容"。因而这种取向的教师专业发展，主要是"使教师的教育拥有更为坚实的理智基础"。实践—反思取向的理论是一种探究性的教师专业发展理论，旨在形成教师的"反思性实践"能力，即通过"反思"促使教师对于自己、自己的专业活动直至相关的物、事有更为深入的"理解"，

发现其中的"意义"，以促成所谓"反思型实践"为追求。生态取向的理论认为教师的专业发展和成长不是个人的事，而是有赖于教师群体形成的"教师文化"。教师个人的成长与教师群体的合作是一致的。从途径和方式角度看，教师的专业发展包括两个大的方面：①外在的影响。指对教师进行有计划、有组织的培训和提高，它源于社会进步和教育发展对教师角色与行为改善的规范要求和期望。②教师内在因素的影响。指教师的自我完善，它源于教师自我角色的愿望、需要以及实践和追求。

实践—反思取向的理论，由于注重教师自身的反思性发展而备受推崇，最后形成一种反思型教师教育思潮。这种思潮首先在以美国、加拿大、英国、澳大利亚等国为首的西方国家教育界兴起，进而波及和影响到世界范围内的教育界。反思型教师教育思潮从杜威那里找到了理论源头，并从认知心理学、批判理论、后现代主义等思想流派里吸收了丰富的营养，充分发展为新的教师教育思潮。反思型教师教育思潮出现了许多名词，如反思型教师、反思性实践、教师即研究者、研究为本等。虽然提法不同，但都认为教师应该既是实践者，又是自身教学行为的研究者。传统的教师只是一个技术人员，是用别人设计好的课程达到别人设计好的目标的知识传授者，而反思型教师不仅具有进行反思、研究、改进的能力，还具有对教育的社会价值、个人价值更广阔的教育问题的探究、处理能力。教师成为反思者，是教师专业发展的必然。

二、反思：对教师专业发展的关怀

教师只有深刻理解反思的意义，在反思的状态下开展工作，新时期教育旨在促进每一名学生的发展这一目标才能得以实现。

（一）反思是教师成为反思型教师的必经途径

新课程的实施要求教师成为反思型教师。反思型教师的角色对课程

改革的推行具有重大意义。

首先，在处理教育理论和实践关系上，反思型教师对教育理论和实践持有一种健康的怀疑与批判。反思型教师能够以开阔、前瞻的思维方式思考问题，能够以开放的心态看待事物，接纳新思想，不断地对自身及行为进行思考。他既是教育教学的实践者，又是教育理论的思考者与构建者。与此相反，不能进行批判反思的教师则对此缺少关注。他们顺从权威而依赖既有的经验，无法超越固化的思维模式和行为方式，从而在实践中缺少创新。

其次，在决策方面，反思型教师只要拥有可利用的新的根据或信息，就会重新思考既定决策的结论与判断。而且，反思型教师能够对自己以及自身行为给予学生的影响进行积极的反思。如果不能进行反思，教师则可能固守结论，信奉权威，机械地按决策行事，结果必然导致教师缺乏灵活性，不能对问题进行弹性化的处理。

再次，在方式方法方面，反思型教师关注探究与发现法，而不仅仅依赖讲授与指导法。反思型教师注重教学的过程，能够在研究状态下进行教育教学实践，把工作与研究结合起来。缺少反思和批判的教师往往只能基于经验型的做法，很少进行理论与实践的研究，不善于以研究者的态度从事教育教学实践，方式方法上也往往局限于讲授式与指导法，注重知识的传授，不能鼓励学生进行创造性探究。新一轮课程改革在较多方面对广大教师提出了全新的挑战，教师如何对自己的教育观念、角色定位以及教学行为进行深入的审视与思考，无疑成为教师必须直面的新话题。因此，要成功地推进新课程改革，教师富有创造性地实施新课程，成为反思型的课程实践者，是新形势下的需要。

新课程的实施要求教师做反思型教师。做反思型教师可以为教师理解课程改革提供新的视角。纵观以往的历次课程改革，最终都没能使课程与教学实践以及教师和学生的生活方式发生根本性的变革，究其原因，重要的一点在于教师没有真正理解课程改革，没有认同和接纳课程改革，从而不能将课程改革理念贯穿到教学实践层面去。长期以来，人

优秀教师的专业成长之路

们形成了一种错误的认识，即只管"怎么做"，而不管"为什么做"，因此，更换一套新的教材、新的教学大纲就是改革了，从来没有追问改革背后的目的与意义，也就丧失了对待改革所应有的批判反思的意识，其结果自然是走不出"穿新鞋走老路"的困境。而反思使教师超越机械复制和盲从的传统思路，有助于教师对改革形成新的理解和认识，不断提升专业素养，促进自身专业的成长与发展。

（二）反思是教师获得专业发展的主要策略

1. 反思与教师的专业精神

反思有利于教师形成优良的专业精神。杜威认为，反思不是一种能够被简单地包装起来供教师运用的技术，而是一种面对问题和反应问题的主人翁方式。反思涉及直觉、情绪和激情，在反思性行为中，理性和情绪交织其中，三种态度——虚心、责任感和全心全意是反思性行为的有机组织部分。教师形成反思意识，养成反思习惯，强化对事业、对学生、对自己的责任感，有助于形成教师爱岗敬业、虚心好学、自我否定、追求完美等优良专业精神和意志品质。所以，拥有优良专业精神的教师不会轻易地在一些误解、挫折、失败和逆境中变得消沉苦闷，也不至于轻易地因计较某种利益而怠业弃业，而是始终保持一种昂扬的精神状态和稳定的心理品质。

2. 反思与教师实践性知识的获得

教师的实践性知识大部分属于"默会知识"，"默会知识"不能通过语言、文字或符号进行逻辑的说明，只能在行动中展现、被觉察、被意会；它也不能以正规的形式加以传递。因此，教师自身的直觉、思考、顿悟等在"默会知识"的形成过程中无疑起着重要作用。但是，如果仅靠这些途径，还不足以把初级形态的教学经验升华为高级形态的实践性知识。教师实践性知识的形成离不开教师的反思。所以，我们认为，教师的实践性知识的形成过程实际上是一个实践—反思—再实践—再反思的过程。

（1）反思在实践性知识形成中的作用

首先，教师的反思能促使教师经验量的增加。教师在常规的实践过程中获得的经验是一种没有经过深加工的经验，容易在短时间内消失。而通过反思得来的经验往往是经过了充分的信息加工，并且其含义及其内部逻辑结构已为实践者所理解，因而便于教师进行经验的编码和存储。随着实践的日益发展，实践者积累的经验的数量也在不断增加。

其次，反思性实践对教师经验质的提高也有帮助。在教师的反思过程中，教师通过思维的分析、综合、比较、抽象和概括，剔除原始经验的无益成分，提炼出其中的精华并加以系统化，从而使得经验的抽象性和概括程度大大提高，在质的方面有所提升。

再次，反思性实践提高了教师经验的准备性。所谓的经验准备性就是指保存在头脑里的经验时刻处于一种充分准备的状态，以供保存者随时提取和运用。当保存者在特定的实践情境中需要提取所保存的经验而又无法得到满足时，就意味着他所保存的经验准备性不足。经验的准备性越充足，其价值也就越大，两者成正比关系。研究表明，在影响经验准备性的众多因素中，反思是最为明显的一个，因为反思是具有高度运动性、组织性和系统性的主动信息加工过程。

（2）反思在理论知识形成中的作用

每一位教师在其职业生涯中都积累了一定的经验，这些经验成为教师从事教育教学的理论基础，但是他们常常忽略这些教育教学经验所蕴含的基本精神，也更难将这些宝贵的经验升华为属于自己的教育理论。正如美国心理学家波斯纳认为，没有反思的经验是狭隘的经验，至多只能是肤浅的知识。如果教师仅仅满足于获得经验而不对经验进行深入的思考，那么即使他有几十年的教学经验，也只相当于一年的经验，其余为年复一年的重复。教师如何在经验的基础上建构自己的理论体系，波斯纳提出了教师成长的公式：成长 = 经验 + 反思。该公式体现了教师成长过程应该是一个总结经验、捕捉问题、反思实践的过程。通过这个过程，可以帮助教师挖掘或梳理出经验中蕴含的原理，使经验升华为理论，从而构建起属于教师自己的理论体系，这个理论体系不仅支持教师的教育教学工作实践，而且促进教师专业的提升和自我发展。

（三）反思是改善教师形象、提升教师地位和扩大专业自主权的有效手段

从专业发展的角度来看，教师职业一直处于一种比较尴尬的境地，教师职业不仅无法与专业化程度较高的律师、医生等行业相比，甚至在和一般行业相比时，教师们也感到"低人一等"。其中的原因固然很多，但主要与教师的专业性不强、专业自主权缺失等有直接的关系。人们认为，现实中的大部分教师具有的只是课堂教学所必需的知识以及一些狭隘的教学技能或教学经验，缺少对教学目的、教育行为的社会与个人后果、教育的伦理背景以及教育方法、课程伦理等教育问题的探究、处理能力，因此说教师专业至多只能是"准专业"，而教师职业要成为一种公认的专业，仅仅靠待遇的改善和社会地位的提高是无法实现的。

20 世纪 80 年代，随着教师专业化运动的深入，人们对教师素质的要求进一步提高，教师素质因此成为决定教师职业能否实现专业化的关键。在新的社会环境中，社会所期望的教师已经不再是经验型教师，而是学者型教师。如何才能成为学者型教师呢？反思性实践被认为是造就学者型教师的重要手段。反思性实践要求实践者在复杂多变的教育环境中应该保持自己思维的独立性，具有自我审视能力和理性选择能力，成为问题的解决者和决策者，并且反思性实践要求教师在反思自己的教学中获得进一步的专业发展。"教师能为他的课堂决策和行为作辩护"，"为行为过程提供恰当的理由与根据"，"教师通过反思成为自我发展的主人"，这些要求都直接推动了教师反思的发展，并产生了一些积极的后果。这不仅帮助教师实现了追求教学合理化的目的，而且重新塑造了教师的角色形象，提升了教师专业地位，扩大了教师专业自主权。

第三章　在与自我的对话中成长

第三节　教师反思的内容、过程与方法

让教师了解反思内容，熟悉反思过程，掌握反思方法，并形成反思习惯，是培养和提高优秀教师反思能力的基本要素。

一、教师反思的内容与质量

在对反思的内容进行分析时，汤姆的"问题场"的概念经常被采用。汤姆根据问题的综合程度，把教学情境确定为四个场，由小到大分别是：教与学的过程，教材的选择，构成教学基础的政治与伦理原则，教学的广阔社会背景①。而反思的质量如何主要是根据如避免未经过思考的服从、从多重视野分析问题和运用证据评估专业判断之类的指标来确定。

瓦利通过对倡导反思型教学的有关文献和教师教育计划的考察和分析之后，总结出五种反思模式。这五种模式分别是：技术性反思模式、行动中和行动后反思模式、缜密性反思模式、人格性反思模式、批判性反思模式。这五种模式的反思在内容和质量上都有所不同。

①张贵新，饶从满．反思型教师教育的模式述评[J]．东北师范大学（哲学社会科学版），2002（1）．

五种反思模式的内容及质量

内容＼项目	反思的内容	反思的质量	备注
技术性反思	主要反思课堂管理与教学手段。	为了更好地完成预先设定的教学目标而对预定的教学策略的效果进行回顾性的比较。反思的质量取决于使自己的教学行为符合预定的规则的能力。	内容比较狭窄，只关注教学规范和标准；忽视对教学目标以及教学的社会背景、环境、社会的公平与公正等一些宽泛的内容进行反思；轻视教师的才能。
行动中和行动后反思	内容主要来自于教师自己独特情境；反思的内容不是假定性、理论性知识，而是实践性、匠艺性知识。	反思的质量主要决定于教师根据自己的教学情境和经验作出明智决策并能够予以证明的能力。	倾向于把教学降低为单纯的课堂教学和管理活动；把注意力集中在教师帮助学生学习、组织教学和管理集体的具体方式上。尽管这些也是教学的重要方面，但不能涵盖教师职责的全部。
缜密性反思	内容涉及整个教育领域的事情，包括学生、课堂、教学策略及课堂的组织与原则，学校的组织、社会准则及伦理等多方面问题。	反思的质量取决于教师对各种对立的主张进行权衡和给出其所作出的决定的合理理由的能力。	在反思质量方面存在严重不足，即对教师如何使用信息、该听从谁的意见等问题未能进行很好的回答。教师决策的标准仅仅是个人的判断。
人格性反思	核心内容是个人成长及相关事项，教师较少地关心学生的学业成绩，而更多地关注学生富有同情心地生活，获得信赖和支持好体制的能力。	反思的质量取决于教师的同情能力。	在反思的内容上有缺陷，即忽视了有关教学质量的问题。所关注的几乎全是关系和个人实现方面的问题。这些问题虽然重要，但是缺乏对教学技能、技巧的关注。

续表

内容＼项目	反思的内容	反思的质量	备注
批判性反思	关注教学实践和学校内部所蕴含的社会、政治意义，包括对教学法和学校结构的道德和理论意义的反思。教师反思的内容应该是学校和教师造成社会不公平、不平等的方式和帮助克服这些不平等的途径。	取决于教师将伦理标准运用到学校教育的目标和过程中去的能力。	反思的标准过于绝对，处于灌输的边缘，教师可能被外部标准所左右，很难参与到对其自身工作目的和目标的确定工作中去；轻视教师个人才智，轻视教师的意见和实践性知识。

这五种教师反思模式，不仅都有自己反思的独特内容和范围，而且各有优缺点。在实践中，优秀教师应该在这五种反思模式之间建立有机的联系，实现有机的互补。在反思的内容上，优秀教师不仅仅是关注自己的教学技术和课堂管理，而是把与教学有关的更为广泛的问题纳入自己的视野和反思的范围。

二、教师反思的过程

关于反思性实践的操作模型，有多种说法，目前尚无公论。埃拜和拉博斯凯等人进行过专门研究，分别提出了具有代表性的"埃拜模式"和"拉博斯凯模式"。埃拜指出，反思性教学由反思性计划、反思性教学、反思性评价三个环节构成，包括考虑备选策略→思忖计划怎样实施→将计划付诸行动→教师观察课堂情况→提出问题→收集资料→分析资料→作出判断，整个过程是一个循环的过程，其中，反思性计划是相对起点。拉博斯凯认为，反思性教学由动力环节（包括内部的和外部的）、行动环节（包括情境、过程、态度和内容）和结果环节（包括新的理解力和解决实践问题）构成。

目前，一般倾向认为，教师对教学经验的反思过程包括以下环节：

（1）反观实践，发现问题。反思产生于"问题"和"无知境界"，教师反思的起点便是自我实践中的"问题"。教师反观自己的教育教学并梳理出其中存在的问题，先就特定的问题予以关注，并在可能的范围内搜集与此相关的资料，接下来便是分析问题。

（2）自我审视，分析问题。教师依据收集到的资料，以科学的态度对教育教学的本质加以深刻的理解，并在此基础上建立起观念和相应技术性的结构体系。这一过程需要教师有适当的谦恭、足够的勇气、公正的品质、豁达的胸怀、丰富的情愫以及敏锐的判断力和丰富的想象力等。

（3）借助对话，建立假设。教师借助当前问题的有关信息，或通过阅读书籍、请教专家、集体研讨等方式，提出解决问题的各种假设，并对假设的效果进行预测。这一过程是教师将实践中反映出来的问题上升到理论并加以剖析的过程，进行找到解决问题的理论依据和方法，在思想中形成新的观念，建立起新的假设。这是一个持续的过程，因为任何新观念的内化一般都要经历接受、反应、评价、组织和个性化等五个由浅入深、由不稳定到稳定的过程。

（4）回归实践，验证假设。教师建立起新的假设之后，开始策划新的行动计划和方案，并开始实施此行动，验证假设。当这种行动能够被观察分析时，教师又开始了新一轮的反思循环。这个循环不是简单的思维过程的重复，不是对反思所得认识的无尽讨论，而是通过积极的不断的自我反思与实践，使这一过程得以再生和深化，这也正是反思的价值所在。

三、教师反思的方法

在反思过程中，教师可以采用不同的方法，如：通过反思日记记录

并分析一天的教学；相互观摩教学；详细描述所观察的教学情景，并进行交流；与来自不同学校的教师一起，就课堂上发生的问题，通过讨论共同寻找解决方法；进行行动研究，这是指教师对课堂上所遇到的问题进行调查研究；等等。教师反思的方法很多，这里简单地介绍几种典型的、常用的方法。

（一）行动研究法

教师的研究和探究过程能丰富反思性实践，而反思伴随着行动研究的全过程。行动研究与教育教学的具体实践息息相关，它针对实际教育教学活动，不断提出改革意见或方案，是行动的指南；教育教学的运行过程中又不断呈现新的问题，使教师不断得到启示，从而充实或修正方案，提出新的具体目标，因此行动又是研究的向导。教师应养成从自身的实际工作中去发现问题的习惯，要敢于质疑，善于提问，并将问题作为教育教学行动研究的课题去研究。

（二）个案研究法

这是针对一个个例（可以是个人、机构、团体，也可以是事件）做缜密的研究。在教育教学案例研究中，教师首先要了解当前教育教学的大背景，在此基础上通过观察、调查和访谈等收集典型的案例，然后对案例做多角度、全方位的解读。教师既可以对教育教学行为作出技术分析，也可以围绕教育教学案例中体现的教育策略、教学理念进行研讨，还可以就其中涉及的理论问题进行阐释。在对典型案例进行剖析，对照个案检视、反思自身教育教学行为的基础上，根据学生反馈的信息，并从学生的需要出发，及时调整自己的教育教学。

（三）叙事研究法

叙事研究，就是研究人类体验世界的方式。罗宾逊和霍普认为，"叙述思考是一个发现的历程"。教育叙事研究，就是把教师日常的教育教学经验组织成有价值结构的事件，通过叙述这一事件发生、发展、解决的整个过程并分析因果，来阐述自己教育理念的研究方法。

其显著特点是，教师通过自我反思将教育实践与教育研究有机地链接起来。它要求教师以研究者的心态面对教学情境，对各种各样的问题保持一份职业敏感；以反思者的眼光审视、分析、探究教育实践的各种现实问题，经常对自身教育行为进行追问。这种致力于解决实际教育问题的行动研究，不仅能使教师跳出传统教育研究的误区，而且为"引导每一位教师走上从事研究的这条幸福路上来"（苏霍姆林斯基语）奠定了基础。

（四）反思日记法

这种方法是指教师以写教学日记的方式来促进其反思型能力的发展。实践证明，反思日记法是促进教师反思的一条重要途径。日记的内容通常包括教师自己在教学过程中的所思、所感、所知、所做，并对为什么要做某事的原因进行反思，从中得出结论。写反思日记的好处有这样几个方面：①有助于改革教育方法，提高课堂教学质量；②有助于不断提高教师素质，因为反思、总结的过程就是一个自身素质不断提高的过程；③有助于教师科研意识能力的提高。反思总结、积极材料为教师科研奠定了基础。

（五）文件夹法

文件夹又称档案袋，是以专业的形式存档。每个专题之下，由教师本人通过回忆自己的教育观念、教育行为并对其进行反思，从而记录下自己过去的状况、现在的状况、自己的进步、自己尚需要努力之处。文件夹建立的过程是教师对已有经验进行整理和系统化的过程，是对自己成长的积累过程，也是教师自我评估的过程。它不仅可以提供关于教师个人的评估结果和发展建议，还可以对教师的发展进行定位。教师填写文件夹的过程就是教师的反思过程。

第三章　在与自我的对话中成长

（六）微格教学法

微格教学是20世纪六七十年代兴起于西方的一种教师教育方法。它最初用于训练师范生和在职教师掌握课堂教学基本技能，当今又应用于教师教育教学经验总结和课堂研究等方面。

作为反思教学的一种方法，微格教学是把教师的教学活动进行录像，然后重放录像，教师和有关人员边看边评价，分析问题，设想解决问题的办法。微格教学在操作上一般遵循这样几个基本程序。

首先是微格教学的实践阶段，该阶段主要有三个方面的工作要做：

（1）组成微型课堂。这种课堂是由教师、学生（也可以是教师的同事）、教学评价人员和摄像设备操作人员组成。

（2）教师教学活动。正式上课之前，教师要简单地做一些说明，包括教学目标、教学内容及教学设计的思想。

（3）准确记录。教师进行教学活动之前，摄像人员对教师的教学行为和学生的学习行为进行记录。

其次是反馈评议阶段，该阶段的工作有这样几个方面：

（1）播放录像。为了使教师及时地获得反馈信息，最好在教学活动结束后尽快播放录像。观看录像的人除了教师之外，还应包括评价人员、学生等。

（2）教师的自我分析。教师可以根据录像提供的信息，及时地对有关细节进行深入的反思。

（3）讨论评价。参与该教学过程的学生和评价人员可以就教师的教学发表自己的见解，与教师共同探讨，以帮助教师从更多的视角、更广的范围上认识自己的教学。

除了上述几种方法之外，交流研讨也是一种值得提倡的反思方法。反思，不只是个体行为，团队反思更有利于个体的成长。与同伴展开的"头脑风暴"法，就是团队反思的表现。教师间开诚布公的研讨交流，开放性的对话，思想的互动，能够促进教师个体更有效地进行反思，从而促进教师实践智慧的生成与增长。

需要强调的一点是，教师在运用各种反思的方法时，可以根据自己的风格和任务，选择最适合自己的反思方法，也可以综合运用多种方法对自己的教育教学活动进行反思，从而提高自身的教育教学能力。

根据教师常规教育教学活动的内容及环节程序，教师可以依据下列三个阶段来开始反思活动：

（1）"为实践反思"。指向于未来教学，对过去的经验进行反思，使未来教学的设计建立在过去经验教训的基础之上。

（2）"实践中反思"。指向于当前教学，反思发生在实践的过程中，对教学过程本身进行反思。

（3）"实践后反思"。指向于过去教学，对教学经验和教学结果进行反思。

国内有学者认为，上述三个阶段构成教育教学反思的模式之一，可以称之为"三阶段模式"。这一模式的运用有利于教师形成对教育教学的系统反思，养成反思习惯，并使反思伴随着教学活动的常规化而逐渐自动化。

优秀教师只要坚持积极的自我反思与实践，以主体身份投入其中，就会扩大自己的专业视野，逐步养成教育反思的习惯，建立自我反思机制，成为反思型教师，同时促进专业的成长与发展，形成一种"自省式专业化模式"。

第三章　在与自我的对话中成长

第四章
在参与课程开发中发展

    课程开发过程实质上是一种变革过程，而课程变革从某种意义上说，不仅是变革教学内容和方法，而且也是变革人。它可以帮助教师对教学进行思考，并在课堂上重建他们的知识观以及与学生之间的教育关系。这样，课堂就不仅是课程的实施场所，而且成为教师专业发展的舞台。

第一节　教师参与课程开发的内涵及作用

一、校本课程开发的内涵

在传统的自上而下的课程开发模式中，教师处于权力结构的最底层。教师按照规定的教学时间和教学进度表教授规定的内容。教师的课程职责就是执行国家的课程指令，遵从学科专家编写的教材及教学大纲。对大多数教师来说，其角色只不过是"教书工匠"和"教学机器"。国外有学者指出，要求教师严格遵从学科专家编写的教科书及其配套的教学参考资料，实际上是在扼杀教师的创造潜能。鉴于此，以学校为基础的现代意义上的课程开发策略主张给教师赋权增能，强调教师就是课程编制者，教师有权力也有责任参与学校课程的变革与创新。

校本课程是相对于国家课程、地方课程而设的一个概念。校本课程开发是在实施国家课程和地方课程的前提下，通过对本校学生的需求进行科学的评估，充分利用当地社区和学校的课程资源而开发的多样性的、可供学生选择的课程。其一般意思是指以学校为基地开发出来的课程。"校本"强调课程开发活动是学校发起的，并在学校中实施，强调从学校发展和学生需要出发，强调对学校和社区课程资源的利用。也就是说，校本课程开发必须立足于学校的实际情况，既要考虑学校和学生发展的需要，又要充分考虑社区的课程资源；既要与国家课程标准保持

一致，又要形成学校特色；既要考虑全体学生的发展，又要满足个体学生发展的需求。为此，就必须对学校的教育哲学、学生的需求、社区的资源、教师的现状等进行全方位的调查与了解。在这个过程中需要校长、教师、学生、家长、社区相关人员的普遍参与。

但从学校教育的现实来看，教师是学校教育教学工作的主要责任人，他们活跃在教学第一线，对于学生的需求、教师本人的情况都有深刻的了解，从某种程度上说也只有教师才能了解学生的需求，至于对教师本人的了解当然只有他自己最为清楚。所以作为一个教师集体而言，其在校本课程开发中具有举足轻重的地位。此外校本课程开发中的"校本"还隐含着另外一层意思，即课程开发必须源于学校的教学实践，就是说要在教学实践中发现问题、采集数据、明确课程开发的顺序和方法。毫无疑问，教师是学校教学工作的主要承担者，自然也就是问题的主要发现者、数据的主要采集者、课程的主要实施者。教师可以与专家合作，但不能由专家编教材，由教师教教材。教师开发课程的模式是实践—评估—开发，教师在实践中，对自己所面对的情景进行分析，对学生的需要作出评估，确定目标，选择与组织内容，决定实施与评价的方式。

二、课程开发对教师专业发展的作用

教师参与课程开发对推动教师专业发展具有如下作用：

（一）完善教师的知识结构

教师参与课程开发，要有足够的课程理论知识的准备。为了使自己的工作更具成效，教师要认真学习相关的课程理论，以调整、完善自己的知识结构。而这种指向问题解决的学习活动、边学习边实践的学习过程往往直接而有效，十分有利于教师对有关理论知识的掌握和自身知识结构的完善。

（二）提高教师的学科教学能力

一般而言，学科教学都是立足于一门学科，教师只看到整体课程的一个方面，无法对课程有一个总体的把握。教师参与课程开发能让教师站在整个课程结构和整个课程发展与改革的高度，有利于提高整体驾驭课程的能力，并通过对课程设计、监控实施和反馈评价的全程参与，提高自身的教学预设能力、动态生成能力和反思修缮能力。

（三）行动研究能力的培养

20 世纪三四十年代，美国学者柯利尔和勒温首先提出行动研究，它是一种以"参与"和"合作"为特征的研究方式，主要是指教师在实际情境中进行研究，并将研究结果在同一情境中加以应用，从而不断改进教学工作的探索活动。长期以来，教师的角色囿于"传道、授业、解惑"之中，扮演着教书匠的角色。而校本课程开发就是教师不断反思、参与科学探索的过程，它遵循"开发—实施—观察—反思—再开发"这个螺旋上升的过程，要求教师从课程的使用者转化为课程的创造者；要求教师既是教育教学的实践者，又是课程的开发者和研究者。在校本课程开发的过程中，教师不仅要研究学校、学生、自己，还要研究问题的解决方案，研究交往、协调的方法。在行动研究过程中，教师通过对自己教学行为的反思，总结经验教训，研究教学过程，从而发现适合自己的教学方式和教学风格，最终提高自己的教学水平和研究能力。教师为了提高对所从事的教育实践的认识，就需要对课程开发过程不断地反思，在反思过程中提高自己的能力和素养。

由此可见，校本课程开发本质上就是教育行动研究的过程，教育行动研究是校本课程开发的内在要求。因此，校本课程开发本质上要求教师具有教育行动研究的素养。教师通过校本课程开发实践情境的不断反思，逐步提高自己的主体意识、问题意识和研究能力。

（四）充实教师的精神世界

教师参与课程开发对教师的精神世界有重大的影响。马克思主义认为，人在改造客观世界的同时也在改造自己的主观世界。以学校为基地的课程开发实践给教师带来了一系列新的观念，如民主的观念、合作的观念、发展的观念、创新的观念等。这些新观念的树立将给教师带来全面的精神面貌。

此外，教师参与学校课程开发，还可以增进教师对学校课程乃至整个学校的归属感，提高教师的士气、工作满足感和责任感，使教师对教育教学工作有更多的投入。

第二节　教师参与课程开发的形式

一、从课程开发的活动方式角度

从课程开发的活动方式角度分析，以学校为基地的课程开发形式可分类为：

（1）课程选择。指在众多可能的课程中决定学校付诸实施的课程计划。

（2）课程改编。指教师根据学生的实际情况和学校或自身的现实条件，对已有的课程进行局部的内容修改或结构调整。

（3）课程整合。指超越不同知识体系，以关注共同要素的方式来安排学习，其整合方式一般包括关联课程与跨学校课程。

（4）课程补充。指为提高国家课程的教学成效而进行的课程材料开发活动，包括矫正性、补救性练习，报纸杂志、声像材料、图画等的选摘等。

（5）课程拓展。课程拓展的目标是拓宽正规课程，为学生提供获取知识、内化价值观和掌握技能机会。

（6）课程新编。指教师根据需要与可能而开发的全新的课程。

二、从课程的发展功能角度

从课程的发展功能角度，课程开发涉及基础性课程、丰富性课程和

发展性课程三类。①

（一）基础性课程

基础性课程是指授予学生可再生长的基本知识和可再发展的基本技能的课程。它与国家课程的范围大体一致，包括语文、数学、物理、化学、英语、政治、生物、体育、美术等。基础性课程由学科知识课程和学习策略课程构成。

学科知识课程开发涉及两个方面：①对课程内容的更新，采取的方式常是改编、新编或拓编；②对课程结构的革新，包括学科知识分层建构，学科知识横向整合。比如，南京师范大学附中将课程分为三个层次：①C层次科目，为国家2001年教学大纲的最低要求；②B层次科目，参照国家必修与选修的综合要求，适当增加和补充内容；③A层次科目，重新编写教学大纲，对原教材进行改编和新编。这种分层是将科目分层与内容难度分层结合起来，从而体现课程的难度梯级，使每一层级的学生都能充分地学习。

学习策略课程分为通用学习策略课程和学科学习策略课程。通用学习策略课程包括选择性注意策略、记忆学习策略、组织学习策略、精加工学习策略、元认知学习策略等。这些策略适合任何课程和形式的学习，不与特定知识领域相联系。学科学习策略指与特定学科紧密结合，适应专门知识学习的策略。如应用题解题策略、朗读策略、英语学习策略、化学实验策略等。学科学习策略直接与学科联系，并具有"生成性"特点，应当成为学校基础性课程开发的重要内容。

（二）丰富性课程

丰富性课程是指丰富学生生活、促进学生全面发展、提高学生综合

---

①刘电芝，阳泽. 校本课程开发的内容、模式与策略[J]. 中国教育学刊，2001（3）.

素质和生活质量的课程。它包括健身、博知、怡情、励志、广行五类。

健身课程主要是教给学生强身健体的方式，同时培养学生的体育意识和保健观念。这类课程的开发要重视活动方式多样化，提倡活动参与大众化。

博知课程主要是丰富学生知识，开阔学生视野的课程，如诗词鉴赏、名作欣赏、名胜古迹浏览、网页信息浏览等。它的核心目的是教给学生广泛获取知识的方法，如查阅图书、信息卡集成、图书馆阅读、电视或新闻品评等。

怡情课程是指愉悦性情、丰富情感体验的课程。一种是艺术怡情，可以通过音乐欣赏、美术欣赏、书法欣赏、舞蹈表演等课程来实现；另一种是休闲怡情，如摄影、垂钓、插花、集邮、花卉等课程。该类课程可以教给学生有意义的休闲和怡养性情的方式，培养高雅的生活情趣。

励志课程是激发学生生活热情，增强学生意志力的课程，如成功人士案例分析、挫折调适、坚持性训练等磨砺性教育课程。

广行课程是指广泛适应社会生活和工作的应用性较强的课程，它以培养学生具体的操作能力和实践能力为目的，如电子制作、网页制作、无线电维修、新闻采访、英语会话、实验操作等课程。

（三）发展性课程

发展性课程是指拓展学生能力、激发学生创造力的课程。它在基础性课程上提高要求，增加难度，以培养研究性、创造性人才为目的，重视学科的前沿性、学术性和学习的探究性。这类课程包括两方面内容：①加深学科知识的深度，旨在拓宽学生学科知识和能力的课程，如学科知识竞赛辅导等课程；②着重培养学生的问题意识、创新意识、科学精神和创造能力的课程，如科技发明、学术小论文、创造技能培养、思维训练等。发展性课程以探究性学习和开放式学习为主。此类课程在基础教育中虽不占很大比例，但对学生一生的发展具有举足轻重的作用。

第四章　在参与课程开发中发展

第三节　教师参与课程开发的过程

从已有的课程实践来看，以学校为基地的课程开发操作模式主要包括六大步骤：①组织建立；②现状分析；③目标拟定；④方案编制；⑤解释与实施；⑥评价与修改。

有学者参照相关研究成果，结合实际经验，列出了课程开发操作流程表，从中可见教师是这类课程开发得以推行的中坚力量。

课程开发操作流程表①

步骤	主要议题	参与人员	角色定位
组织建立	成立课程委员会或工作小组，确立参与成员及工作程序，进行校本课程开发准备	1. 教师、主任与校长 2. 学生 3. 校外咨询人员 4. 学校行政人员	1. 决策、讨论 2. 讨论、决策 3. 咨询、建议 4. 协调、服务
现状分析	进行需求评估、问题反思、资源调查	1. 教师、主任与校长 2. 学生与家长 3. 校外咨询人员 4. 学校行政人员	1. 决策、讨论 2. 讨论 3. 咨询、建议 4. 协调、服务

①吴刚平. 校本课程开发的基本理念与操作流程［J］. 乐山师范学院学报，2003（6）.

续表

步骤	主要议题	参与人员	角色定位
目标拟定	澄清办学思路，确立一般目标与具体目标	1. 教师、主任与校长 2. 学生与家长 3. 校外咨询人员 4. 学校行政人员 5. 政府部门 6. 工作小组	1. 决策 2. 讨论 3. 咨询、建议 4. 协调、服务 5. 咨询、督导 6. 支持、讨论、咨询
方案编制	确立工具与方法，选择课程材料与组织形式	1. 教师、主任与校长 2. 学生与家长 3. 校外咨询人员 4. 工作小组	1. 决策 2. 讨论 3. 咨询、建议 4. 支持、讨论、咨询
解释与实施	强化教育哲学思想和特色意识，创造条件与氛围，统筹教育资源	1. 教师、主任与校长 2. 学生 3. 学校行政人员	1. 决策 2. 讨论 3. 协调、服务
评价与修改	设计监控和交流系统，准备评价方案，追踪实施效果，收集反馈意见，修订课程与课程开发方案	1. 教师、主任与校长 2. 学生与家长 3. 校外咨询人员 4. 学校行政人员 5. 政府部门	1. 决策 2. 讨论 3. 咨询、建议 4. 协调、服务 5. 支持、咨询、督导

上述六个步骤是按逻辑顺序展开的，但它不是一个僵化的从目标到评价的线性行动步骤，而是一个动态发展的机动过程，可以根据学校的实际情况进行不断调整和充实。在具体操作过程中，需要注意以下问题。

（一）建立领导机构

成立校课程委员会或相应的工作小组，不仅为课程开发提供组织保障和领导保障，而且也可以成为一个宣传发动，提供支持和服务，增进交流和理解，增强凝聚力和归属感。因此，课程委员会的成立应具有广泛的代表性，并能体现学生、教师主体的特点；其工作程序要具有民

第四章　在参与课程开发中发展

主、开放、科学和合作的精神，要有利于教师专业自主性的充分发展和体现。

（二）进行前期论证

任何形式的课程开发都要经过前期论证，其中现状分析是论证中的重要内容，包括需求评估、资源调查和问题反思等环节。需求评估是对学生的发展需求、家长期望、社会和社区要求以及学校预期等因素作出合理判断。资源调查是要弄清学校课程开发的资源条件，如师资水平、课程资源、资金场地、学生和家长的可能反应等。问题反思则是要在理想目标与现实条件之间寻求种动态平衡。

（三）开展师资培训

教师从事课程开发，可以先从掌握课程编制的方法和手段入手，再逐步掌握课程开发的各个环节。为此，要对教师进行课程理论的培训，让教师掌握课程开发的基本原理。另外，也要对教师进行专业知识的培训，不断拓宽其学科知识面，重构教师的知识结构，为课程开发提供知识和智力的支持。

（四）明确课程目标，撰写"课程开发纲要"

学校课程开发的目标至少包括两个相互联系的方面：①针对教师的专业发展目标及相应的开发成果；②针对学生的课程目标。也就是说，以学校为基地的课程开发要促进学生的个性发展，也要促进教师的专业发展；没有教师的专业发展，学校发展就成为无本之木。

关于课程目标，一方面要努力基于学校自身条件和特点的教育哲学思想，作为学校课程的一般目标；另一方面，要尽可能清楚地陈述具体目标，即希望学生在学习过程结束时，在能力或态度上发生什么样的变化。

（1）课程目标的陈述。必须全面、恰当、清晰地阐述课程涉及的目标与学习水平。

（2）课程内容或活动安排。要求突出重点，按从易到难的顺序排列，涉及选择什么样的内容以及怎样组织这些内容，或安排什么样的活动，处理好均衡与连续的关系。

（3）课程实施。包括方法、组织形式、课时安排、场地、设备、班级规模等。

（4）课程评价。主要是对学生学业成绩的评定，涉及评定方式、记分方式、成绩来源等。

第四章　在参与课程开发中发展

第四节 教师参与课程开发的模式

以学校为基地的课程开发有两种模式：①课程运行的自开发，也称教学情景互动开发；②合作开发。

一、课程运行的自开发

课程运行是指教师、学生、课程在教学情景中的互动关系。任何一种课程在这种互动关系中都会发生变化。这种变化能更好地体现教师的能力和学生的实际需要。其过程是：①教师先要根据学生的需求进行初次课程设置；②学生提供反馈和建议；③教师自我反馈；④再进行课程设置；⑤课程设置更合理；⑥教师专业能力相应提高，学生能力增强，课程开发水平也趋于更高。

二、合作开发

（一）校际合作

校际合作即学校与学校联合进行课程开发。有学者指出，学校课程开发不能局限于学校本身的活动，需要与其他学校构成互动关系。这种模式要求各学校的办学宗旨相近，区域跨距小，资源可以互补，以此增强课程开发实力。合作方式有互补整合式、流线作业式、合并交叉式等。

（二）专家—学校合作

课程开发实质上是课程理论与课程开发实践不断发展、丰富和完善的过程。一方面，专家拥有较丰富的课程理论知识，可以为学校课程开发提供理论指导；另一方面，具有开发条件的学校为课程理论与实践结合提供了重要基地。

（三）研究机构—学校联合

当学校进行规模较大、难度较高的课程开发时，应与研究机构联合，因为研究机构具有系统开发和研究课程的能力。研究机构与学校联合的方式有基地法和现场法。基地法是某些研究机构以学校为基地进行课程开发，学校积极参与。现场法是指由学校设置课程开发项目，研究机构亲临现场给予指导。

（四）教育行政部门与学校联合模式

在进行学校课程开发时，教育行政部门可以提出方针和原则，给予财力、物力支持，进行地区间学校资源的调配利用。这些都有利于增强学校课程开发的综合力量。但要注意，教育行政部门与学校合作必须遵从非命令性和非干涉性原则。

（五）领导—教师合作

在课程开发过程中，学校领导和教师是核心力量。他们熟知学校的优势与特色，而且直接承担着具体的开发任务。一方面，领导者的个人风格、办学理念、管理方略显示了学校的办学特色；另一方面，教师最知晓自己和学生，能真正贯彻课程开发中"以人为本"的目的。只有两股力量结合，学校课程开发才能完整地体现学校本位和以育人为目的的思想。

第五节　教师参与课程开发的外部支持

　　教师工作任务重、时间有限是制约教师参与课程开发的瓶颈，也是制约教师专业自主发展的一个重要方面。因此，要让教师能积极主动地参与到课程发展中，必须要有外部支持系统作为条件和保障。

一、课程政策中教师的专业自主权

　　教师需要具有一定的专业自主权或教育自由度。这是教师发展中的一个重要的需要外界赋予的一种权利，也是教师政策环境对教师影响较大的部分。国际劳工组织、联合国教科文组织《关于教员地位的建议》中充分肯定了教师的"职业上的自由"，其中第 61 条规定："教职者在履行职责时应享有学术自由。教员尤其有资格对最适于学生的教材教法作出判断，所以，应在得到认可的课程大纲的范围内，在教育当局的支持下，在选择与使用教材、选用教科书以及运用教学方法等方面，发挥主要作用。"这里的"专业自主"既是个人的，也包括集体。教师专业自主说明了教师在课程发展中必然是主动地参与其中，而且教师拥有课程开发的权利。在基础教育课程改革当中，改革政策、课程政策以及新课程实施都充分考虑到了教师的专业自主权及主体性作用，为教师提供了相当宽泛的教育自由度或专业自由度，如教学内容的确定权，教学形式与教学方法的运用权，评价手段使用权等。通过真正的"教师课程参与",使先进的课程理论通过教师真正服务于实际,保证新课程有效实施,逐渐步入最优化的轨道。

二、物质资料和时空资源的支持与保障

图书资料、电脑等现代化的收集、处理信息的设备,乃至直接的资金支持,都是教师开展各种活动,成为新课程的有效实施者和积极建设者必备的基本条件。为了使教师尽快地为课程开发做好准备,可以考虑以下一些做法:①建立课程开发教育网。即将一些基本的课程开发知识与技术或有关的最新动态通过网络进行传播,让教师自己上网进行学习,或让教师尽可能多地了解相关信息。②建立课程资源中心。课程开发需要有更多的课程资源,为此可以通过建立课程资源中心的方式,把各个学校开发的课程分类集中起来,供相关学校参考,达到资源共享的目的。

同时,教师需要一定的时间和空间实施新课程。繁重的工作量,过于琐碎的指示会使教师疲惫不堪。在一种超负荷的恶性循环中,教师不可能有充足的精力、时间、兴趣去尝试创新与变革。要给教师创造一个具有一定自由度的时间和空间领域,让教师充满自信,无"后顾之忧"地投入到新课程实施中。

三、建立课程开发的中介服务机构

就我国的现实情况,学校校长、教师毕竟不是专业的课程专家,基础教育的学校里熟悉课程设计的人并不多,即使组织教师接受课程设计的专门训练,因受学校条件和教师的课程观、职业特点以及知识技能的限制、工作负担和时间限制等,要真正把握课程精神和设计、编写教材,依然有一定困难。为此,应建立课程中介服务机构,主要发挥以下

两种职能：①对学校设计课程予以指导，包括课程理论与技术的指导以及课程实施的具体指导，保证持续的理论支持，帮助教师形成正确的课程意识、课程问题意识、课程开发责任意识及课程开发能力等；②作为一种工作平台，成为行政部门、课程专家、社区成员、基础教育中的实施者——教师、学生及教育行政人员等多方人员之间"交流与合作"、"理解与对话"，实现"真正的重构"，达到多方"视界融合"的途径。这样的机构宜采取"半官半私"的形式成立，比较符合我国当前的情况和实际需要。

四、构建发展性的教学评价体系

教学评价是指对教师的职业、教育思想、教学行为、教学内容、教学方法、教学效果、教学资源利用、专业水平、业务进修、道德水平、人际关系等方面进行的有目的的或无目的的价值判断。传统的教学评价集中于教师教学效果的评价或行政管理式的评价，评价主要被视为管理的手段和环节，它关注的主要是教师教学的优劣和教学的效益，这与新的课程改革和课程实施的精神是相违背的。我们需要改变主要是关注教师教学的优劣和教学的效益的传统的教学评价，构建一种富有挑战性、鼓励性，又有利于教师发展的评价体系，其目的是，在没有奖惩的条件下，促进教师的专业发展，从而实现学校的发展目标。这种以促进教师未来发展为目的的发展性教学评价制度，是一种形成性评价制度，它为教师相互评价优点和缺点提供了机会，为评价者与评价对象共同指定未来的发展目标提供了机会。

通过发展性的教学评价制度，广大教师能够切实提高自己的专业素质和思想水平，有利于我国基层加强对应试教育转变为素质教育的理解，使我们的新课程和教学改革、教学现代化建设及其他的教育改革获得广泛的群众基础，使广大教师切实成为新课程的有效实施者和积极建设者。

优秀教师的专业成长之路

第六节　教师参与课程开发的自身准备

由于历史的原因，我国的教师并不熟悉校本课程开发。优秀教师必须做好如下几方面的准备才能有效地进行校本课程开发。①

一、课程意识与课程观念

从校本课程开发角度而言，为了有效地推进新一轮的基础教育课程改革，优秀教师必须具备课程意识，形成相应的课程观念。这些观念包括：

（1）课程制度观。三级课程政策的实施，打破了原有的大一统的课程体系，而建立了多元化的课程观。国家只制订各学科的课程标准，对课程进行宏观控制。教材则趋向多样化，学校可以选择任何经国家认定准予发行的教科书，这样就要求教师树立统一性与多样性相结合的课程制度观。

（2）课程价值观。在教育实践中，我国的课程价值取向基本上有两种情况：①以对升学是否有用来衡量课程的价值；②过早专门化与职业化，以是否满足当前社会的需要来衡量课程的价值。这些是课程设计时必须考虑的，但课程的最重要的价值在于增进个人的幸福，也就是说

---

①傅建明. 教师与校本课程开发［J］. 教育研究，2001（7）.

要考虑课程是不是满足了学生的需求。教育毕竟是一种造就人的事业，人是教育的出发点，所以课程的开发必须以人的发展为其逻辑起点。

（3）课程类型观。建国以来基础教育的课程基本上是单一的国家课程，三级课程的试行，意味着课程的形态发生了质的变化，学校中将是国家、地方、校本三种课程并存。教师和学生在一定程度上可以开设和选择自己感兴趣的课程。这样就为学校特色的形成，学生不同兴趣、个性和特长的发挥留下了空间。

（4）课程开发观。三级课程政策把部分课时留给学校自己开发，这就要求教师在学校认可的前提下要自己确定开设什么课，这门课的教学目标是什么，具体的教学内容有哪些，如何呈现这些内容，教学效果如何评价等。如此就必须改变自己的单一的教授者、课程的消费者的角色，而要把自己定位为既是教授者，同时在一程度上又是课程的开发者。

二、课程知识与课程开发能力

就课程知识而言，一般可以分为三个层面：本体性知识、条件性知识和实践性知识。

（1）本体性知识是指教师所具有的特定的学科知识。这些知识教师一般在师范院校中可以获得，而且对教师而言，本体性知识只要达到一定的量就可以了，并不是越多越好。这一类知识是教师进行校本课程开发的必要条件。

（2）条件性知识是指教师所具有的教育学和心理学等方面的知识。这类知识一般是动态的，可以通过系统的学习而习得，但更多的是在课程实施中逐渐掌握，需要动态地去把握和领会，并在实践中加以发展与加深。

（3）实践性知识是指教师在面临实际的课程开发和课程实施时所

具有的关于客观现实的背景知识。这类知识更多地来自教师的课程开发实践，具有明显的经验性成分，是教师经验的累积。教师不能仅凭本体性知识和条件性知识去进行课程开发活动，还必须面对充满不确定性的教育环境，在实践中不断地进行反思、研究，把自己看成一个研究者，一个行动研究者。

课程开发能力的内容一般可以表达为以下几点：①将约束在单个学科中的教师的专业特性扩大到学校教育的整体；②将与课程有关的决策重点从原来的"上意下达"的方式转变为教师之间的"讨论"方式；③通过对决策过程的记录和检查，将结果再次反映到决策上，进而开发更合理的课程系统。

教师要具备课程开发能力，就必须理解教师与课程开发的关系、教师参与课程开发的实质和以学校为基地的课程开发对学生未来发展的作用。

（1）教师与课程开发的关系。如果把课程限定为"孩子的活动经验及其结果的总体"，那么教师的教育实践本身就是一种课程开发过程，教师无时无刻不在进行课程开发。事实上，教师是在与课程的相互作用中教育学生的。也就是说，教师不可能超越课程来开发课程，课程开发也不可能脱离教师，学生既从课程中的教师那里学习，也从教师的课程那里学习，因而必须考虑两者之间的相互关系。

（2）教师参与课程开发的实质。教师参与课程开发的目的是使学校课程更加适合学生的需要，促进学生得到最大限度的发展，但就教师本身而言，是确立"教师即研究者"的信念，在课程开发的实践过程中促进自身专业发展。所以，教师参与课程开发不仅是编制一系列课程文本，更重要的是参与课程开发过程本身。

（3）以学校为基地的课程开发对学生未来发展的作用。教育的最终目的是促进学生发展，以学校为基地的课程开发也是为了更好地满足学生的需要，在课程开发过程中，教师不仅要考虑学生的当前情况，还要有意识地培养学生自立、自我反省、批判的精神，为学生将来的自我

第四章　在参与课程开发中发展

发展打好基础。教师应尊重学生的选择，并尽可能给予帮助，这是作为课程开发者必须做到的。

三、参与意识和合作精神

一般来讲教师可以通过以下途径参与课程开发：①和课程研究专家共同进行课程开发。通过与课程专家一起工作，养成参与课程开发的意识和能力。②与家长及社区有关人员一起进行课程开发。教师与家长们一起寻找有效的社区课程资源，并最大限度地利用这些资源，与家长一起养成参与学校事务和课程开发的习惯。③参与对学习者的兴趣、爱好、需求、特点等方面的分析，尽量使自己的教学内容和教学方式符合学生的需要。要把一门学科放在广阔的课程整体中加以考察，并逐渐地养成关注和参与学校整体课程设计的意识和习惯。

教师职业的一个重要特点是"专业个人主义"。他们要靠自己一个人的能力去处理课堂教学中的所有问题而不太可能有他人的援助，而且教师的课堂教学活动往往与其他教师的课堂教学活动互不相关，所以教师的课堂生活往往是"自给自足"的，他们已经习惯了这样的生活模式，教师之间的相互隔离，使他们缺乏合作的愿望，也不愿意将自己的实践智慧与他人分享。但是校本课程开发要求教师、校长、家长、学生及社区人员的广泛参与，因而必然要求教师与教师之间、教师与校长之间、教师与学生之间、教师与家长之间、教师与社区人员之间、教师与课程专家之间进行广泛的合作，所以有效的校本课程开发活动必须以打破教师以往已经习惯了的生活方式，要求他们积极表达自己的意见、与人分享各种教育资源、与他人一起制作课程方案、一起对课程设计和实施活动进行评估等。

四、行动研究的意识和能力

校本课程开发要求教师既是教育教学的实践者，同时又是课程的开发者和研究者。由于客观规定性，对教师来说行动研究比较适合。由于行动研究注重理论与实践的紧密结合，而教师又对教育教学实践中出现的现实问题最为关心，因而行动研究在教师中具有广泛的影响。

校本课程开发要求教师以一个研究者的身份进入课堂教学实践，并成为一个对自己的实践不断反思的"反思实践者"。具体地说有两个要求：①从经验中学习。即要求教师运用自己所拥有的知识对自己的教育实践经验进行多层次、多角度、多学科的分析，以便对自己的实践有一个理论上的理解或解释，并发现其中的长处与不足，为以后的改进做好准备。这样一来教师就不仅是理论的被动接受者，而且从某种程度说是理论的构建者。②校本课程开发是一种课程实务，需要理论与实践的统一才能真正地解决问题。这不仅要求理论工作者进入学校现场，在实践中发展理论，而且更为重要的是教师本人要成为研究者，通过行动研究把职业理想和科学理想统一起来，使教师开放性地不断地改革教育现实，并通过分析、批判和修正不断地加深对教育现实的理解和理论化。

[案例呈现]

一、校本课程开发的指导思想

为了切实推行素质教育，培养学生的个性发展，培养学生学会利用多种方式搜集、整理资料信息，统计分析制表，写调查报告和政治论文的能力。培养学生动手制作能力、动口表达能力、协作能力、归纳总结

能力。培养学生热爱家乡、热爱祖国的高尚情感及自觉承担起建设祖国的责任感。

二、总体目标

（1）培养学生学会利用多种方式搜集、整理资料信息，统计分析制表，写调查报告和政治论文的能力。

（2）培养学生动手制作能力、动口表达能力、协作能力、归纳总结能力。

（3）培养学生热爱家乡、热爱祖国的高尚情感及自觉承担起建设祖国的责任感。

三、课程门类和内容

（1）门类：政治。

（2）内容：改革开放以来，在中国共产党的领导下，我国取得了举世瞩目的成就。主要表现在：生产力发展了，综合国力增强了，人民生活水平提高了。威海市的变化更是大，各项发展指标都高于全国平均水平。作为威海的中学生应该感受到这些发生在我们身边的变化，并能分析出发生变化的原因，并自觉承担起建设祖国、建设家乡的责任感。

具体内容如下：

①调查我市城乡居民自1978年以来工资增长情况，制成统计表。

②收集我市城乡家庭生活各项消费支出，制成统计表。

③通过访谈长辈或观察法归纳出我市环境建设、城市建设、文化发展方面的变化，制成课件或拍成照片。

④上网查阅我市1978年以来历年经济增长率和国民生产总值的

变化。

⑤享受养老、医疗保障、城市低保人数的比重的变化。

⑥家用电脑、手机、VCD 等现代家用电器的普及率。

四、可行性分析

此项课程运行起来具有可行性。改革开放以来，在中国共产党的领导下，我国取得了举世瞩目的成就。这一内容学生在政治课中学过。作为威海人初三学生也应该能够感受到家乡的变化，并归纳总结出来。

五、课程实施设想学生分组活动，每组同学各自分工

（1）根据调查内容不同分别采用收集数据、图片、照片，访谈长辈等不同方式开展活动。

（2）将收集到的资料制作成 DV、FLASH 短片、多媒体课件、手抄报、演讲稿、政治论文、诗词、漫画、其他绘画作品等多种形式展示家乡成就。

（3）针对展示资料谈感想。

（4）谈谈作为当代中学生的打算，写成政治小论文，或调查报告。

六、课程评价设想

（一）分类评价

（1）学习态度

优秀：态度明确，积极参与，大胆质疑，主动探究。

良好：态度端正，主动参与，认真完成各项任务。

合格：态度较端正，能参与活动，按时完成各项任务。

（2）实践作品

优秀：主题明确有创意，材料详细，统计详细。

良好：材料详细，统计详细，能完成作品。

及格：能完成作品。

（二）反思性评价

在期末，每班以"我的幸福体验——感受家乡新变化"为主题进行反思性评价，主要让学生描述自己的经历与体会，引导学生自觉反思过去的得与失。从而为今后不断完善、改进做准备。掌握探究式学习方法。反思性评价后，全班采用民主评议的方式，对表现突出的学生进行适当的奖励。

（三）综合性评价

这一课程涉及到多种调查分析材料的能力，要善于发现学生的闪光点，及时进行鼓励、表扬，以赏识为核心。

七、课程开发保证

进行这一课程前要对学生进行鼓励、发动。在活动过程中教师也要尽量参与到讨论、制作、评价中，及时给予学生以指导、鼓励，这是这一课程能否进行的保证。

第五章
坚持做研究型教师

　　教育本身及教育情境的复杂性要求教师对自己的教育教学实践进行研究，即要求教师成为研究者。我们在此强调教师要成为研究者，不仅仅因为教育教学工作本身需要教师进行研究，而且因为教师从事教育教学研究也是教师获得专业成长的重要途径与策略。所以在这一章里，我们将围绕"教师作为研究者"这个理念来分析教师从事教育教学研究的意义（尤其是对于教师成长的意义）以及教师进行教育教学研究课题的确立、研究的步骤、方法的选择等问题。

第一节　教育科研的内涵、特点及原则

我们不少教师对教育科研感到困惑，不知什么是教育科研，不知教育科研从何入手，甚至有的教师认为教育科研是科研人员的事，实际教学中科研很难与现实结合；有的教师只顾埋头教学，对教育科研与实际教学结合兴趣不高，凡此种种都影响了教育科研的开展。那什么是教育科研？教育科研的特点和原则又是什么呢？

一、教育科研的概念

所谓教育科研是研究者借助教育理论以有价值的教育现象为研究对象，运用相应的科研方法，进行有目的、有计划地探索教育规律的创造性认识活动。

教育科研可分为三种类型：①理论性研究。它是在教育实践基础上，利用科学研究方法认识和剖析各种教育现象，探索教育的本质和规律，以形成较系统的基础理论研究成果为目标的研究活动。比如，2002年10月12日，一名来自苏北偏僻水乡小镇的张向阳老师，以做一个有理想的教师为追求，在网吧里写了他的第一篇教育日记《在理想的家园中实践我们的教育理想：放弃霸权》。这位江苏盐城的农村小学教师竟然在200多个夜晚写出了近30万字的教育日记！更不可思议的是，他的教育日记已在10余家省级以上教育报刊发表了50余篇，近7万余字。②应用性研究。它着重考虑如何将基础理论研究成果与教育实践联系起来，开辟应用的途径，探索搞好教育工作的规律以及如何通过实践进一步深化和丰富基础理论。③开发—研究。它旨在运用现有的研究成果，拓展知识，开辟新的应用领域。如有位小学教师，发现一年级的学生抄写生字一字多遍，负担很重，于是进行了"抄四遍和抄八遍的效果比较"的实验。结果证明抄四遍效果最佳。然后写成研究报告，论证"减轻负担，提高质量"大有潜力可挖，受到各方面的重视。这位老师的这种做法就是一种科研活动。

　　教育科研的目的，就是要解决教育活动中的问题，探索教育发展的规律，进而为教育实践服务，为教育决策服务，为教育发展服务。

　　例如，20世纪80年代，我国的基础教育出现了严重的片面追求升学率的现象。为解决这一问题，湖南汨罗、山东烟台等地进行了一系列的"素质教育"研究，经过12年的努力，取得了丰硕的成果。根据各地的研究经验和中国教育的发展趋势，1993年2月，中共中央国务院颁布了《中国教育改革和发展纲要》，明确提出中小学要由应试教育转到全面提高国民素质的轨道上来。这就是针对实际问题进行研究分析，又把研究成果运用于教育决策和教育实践的典型实例。

　　教育科研要运用科学的方法。人类社会发展到现在，已经在教育科学研究领域取得了许多科学的研究成果，总结出了许多行之有效的科研方法。搞教育科研就要按照这些方法的要求进行。其实，教育科研方法是教育科研规律的反应，按教育科研方法的要求搞科研，其实质是遵循教育科研规律，按客观规律办事。大量的事实已经证明，凡是遵循教育科研规律，运用科学的研究方法的教育科研都能取得事半功倍的效果；而不遵循教育科研规律，盲目研究带来的则是事倍功半，甚至是一无所获。

　　在日常的教育教学工作中，我们经常会遇到这样或那样的问题，并利用科学的方法有计划地去解决它们。例如，针对语文（外语）教学中学生的听说问题，可以进行"培养学生听说能力的研究"；针对学生

解答应用题时的思维方式问题，可以进行"解题思路研究"。这种"利用科学的方法有计划地去解决问题"的过程，本身就是教育科研。

教育科研的结果是获得新认识，形成科学的结论，即形成科学的理论或观点。其具体表现形式就是研究报告（包括实验报告、调查报告和其他研究报告）、经验总结和科研论文等。那种虽然在头脑中思索了，也有了新认识，但未写出来的研究和虽然写成了论文或经验总结，但没有新观点，未形成新认识或新理论的教育科研不是完整的教育科研，也不是成功的教育科研。

教育科研内容广泛，涉及教育的各个领域。比如，教育教学现象、教育教学过程、教育教学内容、教育教学方法以及与之相关的社会现象、心理现象、教育教学工作的组织管理等，都属于教育科研的范畴。

总而言之，教育科研是一种探索和认识教育教学规律的实践活动，是提高教育教学质量、促进教育发展的主要推动力。

二、教育科研的特点

教师进行的教育研究主要是学校科研。其特点主要有以下几方面：

（1）教师是教学研究的主体和核心力量。教师职业生活的本质就是探究，实际的教育教学情境十分复杂，教育教学问题往往是多种问题的综合体，受众多因素影响。这样的问题往往没有现成的方法、程序或者公式可以套用，教师需要审慎地对教学情境、教学活动进行考察和探究，才可能真正地解决问题。

（2）在已有的教育科学理论指导下进行。这些内容大部分教师都有所接触，包括教育学导论、教育管理学、教育社会学，德育论、教学论，心理学，行为科学，美学，未来学。这些先进的教育理念，可以指导教育科研的方法，开拓思路，为怎样设计研究，怎样组织实施，怎样总结研究的成果提供依据。

（3）学校的教育科研工作主要是应用性研究，对象教育就是教育实事。一是理论，二是实践。可以是教育的过去，教育的现在，教育的未来。把教育的基本理论转化为应用性科学和实际教育技能技术。如大家最关心的问题，课堂教学中如何操作才算是创新，怎样做才是素质教育，素质教育的核心是什么等。

（4）学校的教育科研要运用科学的方法。基本的是辩证唯物主义方法论，科学方法论。即科学研究的一般方法，运用到教育科学研究中形成的研究方法。如观察法、调查、实验、经验总结、行动研究等。

（5）有目的、有计划地进行，也是学校教育科研科学性和教育性的体现。即不随意性的，提出研究目标（课题），明确目的，为实现目标有步骤有计划地去进行。

教师应该不断去研究，执行学校科研课题方案和细则，同时练就一双善于发现问题的慧眼，做好身边的研究。

三、教育科研的原则

教师的教育科学研究原则是进行教育科研活动必须遵循的基本准则和要求。它是教育科研规律的反映和教育科研实践经验的概括，是有效开展教育科研的根本保证。这些原则，要贯穿于教育科学研究的整个过程，体现于每一环节之中。

（一）教育性原则

（1）中小学教育科研的目的、内容要符合教育目的的要求，应具有教育意义，不能进行任何影响中小学生身心健康的研究。教育科研当中不能提出与国家教育要求相矛盾的要求、作业，不能用创造情境诱使学生产生不良行为的方法来获取研究资料。比如，不能为研究网络对中小学生的负面影响，而创设条件让学生接触网络上的一些不良信息。

（2）中小学教育科研的过程和结果要有利于学生身心健康和全面发展。不能为研究的需要随便增加学生负担，加大家长支出，耽误学生学习，影响学生成绩。一些调查资料如果与被调查者的切身利益有关，则应注意保密。研究的设计和实施，要注意尽可能不影响教育过程的正常进行。每次实施研究过程的时间不宜过长，要考虑学生生理和心理的承受力。

总之，中小学教育科研要把教育人、培养人、塑造人作为出发点和归宿，坚持把教育性原则贯彻于中小学教育科学研究的全过程。

（二）客观性原则

（1）必须全面、真实、系统地占有材料。教育科研的过程就是一个占有材料、揭示本质、发现规律的过程，没有足够的事实材料为依据，就不能有效地进行教育科研。因此，教育科研的首要环节就是尽可能全面地占有反映研究问题情况的材料，为分析研究提供可靠的和充足的依据。教育科研的实践证明，所搜集的材料越全面、越真实、越系统，就越有代表性，越能反映问题的本质。零碎的、片面的材料是不能够进行科学的推断的。

（2）研究者要坚持客观的态度，收集资料、分析资料要客观。教育科研工作者必须尊重客观事实。搜集材料要全面、系统，绝不能凭个人的好恶，想当然地对材料进行有选择的收集。在整理分析材料时，也不能根据预先的假设，不顾客观事实，任意对材料进行删减甚至修改事实与数据。如果为了使实验假设成立而故意编造实验数据，在调查研究时对于不符合自己主观想法、不符合领导口味的资料和数据采取修改、回避的态度和做法，都是违背客观性原则的表现。对于研究成果，更要强调实事求是，无论自己的研究成果是成功的还是失败的，也不论对自己原先的假设是肯定的还是否定的，都应如实反映，绝不应以个人的利害得失而违反实事求是的原则。

（三）系统性原则

系统性原则是指用整体的、系统的观点指导科研活动。中小学教育不是孤立存在的，它是社会这个大系统中的一个小的子系统，更是教育这个系统中的一个子系统，所以研究中小学教育时，要考虑教育与社会的相互联系，分析家庭环境、社会环境的影响，更要和其他层次的教育联系起来进行综合研究，要考虑到社会、其他层次的教育对中小学教育的影响。也就是说，中小学教育科学研究不仅仅是研究中小学教育。另外，在中小学教育科学研究中，思想政治教育、教学、课外教育等，彼此都是相互联系的，构成统一整体。研究其中某一部分，也应把它放在全面发展的整体教育之中去研究。

我们还应当看到中小学教育科研本身就是一种系统的研究探索活动。因而，中小学教育科研要有明确的目的，严密的计划，科学的方法，周密的组织，合理的程序和步骤，构成一个规范的科学的探索活动系统。

（四）理论和实际相结合的原则

理论与实践相结合是指中小学教育科研既要重视理论的指导，又要重视实践，将理论与实践辩证统一起来，密切联系中小学教育教学实际，使一切科学研究的结论都建立在广泛的严格的科学实验基础之上。中小学教育科研的课题主要存在于中小学教育实践中，它的研究结果也多是为教育实践服务。但忽视理论指导、理论分析也是不行的。缺乏理论指导，往往流于皮毛，流于形式，不深入，层次不高。研究过程必须在正确的理论指导下才能取得成效，研究的结果必须经过理性分析，上升到理论上才有普遍指导意义。中小学教师进行教育科研，特别要注意学习教育理论，进行理论分析，不要把研究局限在狭小的实用范围内。反之，不重视实践，没有规范的教育实验，则容易停留在宣传、解释、注释教育方针、政策上，难以深入具体，难以形成有说服力的理论。

（五）创新性原则

创新性原则指的是中小学教育科研要有新意，能发现别人没有发现的问题，探索出别人没有实践过的富有创意的教育内容、方法、手段、措施等，也就是说要在原有认识的基础上有所发展、创造。这主要体现在对前人没有研究或研究得较少以及对前人已有研究但从深化或相悖的方向来展开的研究上。中小学教育科研中的创新不仅是研究成果的创新，也包含研究内容、研究设计、研究方法以及研究技术的创新。教育科研中的新发现、新思想、新观点常常来源于研究设计、方法的创新。对中小学教师来说，只要围绕自己教学、管理工作中实际存在的问题来展开研究，解决工作中的困难就是创新。

（六）定性研究与定量相结合的原则

马克思说："一种科学只有成功地运用数学时，才算达到真正完善的地步。"一切笼统和大概的东西都是没有地位的，对所研究的对象不仅应有定性的分析，而且应有定量的分析。定性常常是定量的前提，定量则是定性的精确化。这就要求教育研究者要深入实际，细致观察，了解事物的真相，掌握进行理论分析的丰富而生动的事实材料，通过分析、综合、分类、比较及归纳与演绎等方法，运用理论分析和逻辑分析，把握事物的因果关系，认识和揭示事物的本质及规律。要善于在感性认识的基础上，透过现象，分析主要矛盾，发现事物的本质特征，最终作出科学的准确的定性分析。同时，要在了解事物的质量时，注意事物的数量，包括事物的大小、多少、规模、时间、空间、强度、变化程度和发展速度等，依据统计学的方法进行整理和简缩，找出其分布特征（如集中趋势、离中趋势、相关程度等），计算出一些具有概括性的统计数据（如平均数、标准差、相关系数等）。借助这些概括性的数据，使人们从杂乱无章的资料中获取有意义的信息，以便对不同的总体进行比较，作出结论。

优秀教师的专业成长之路

第二节　教师科研与优秀教师的专业成长

优秀教师进行教育科研可以增加教师自身的责任感，通过学习研究来发现和改正教育教学中存在的问题，有利于优秀教师自身素质的提升和教学质量的提高。可以说，教育科研就像为优秀教师的专业化成长增添了有力的双翼，给优秀教师带来自信和勇气，带来力量和智慧，使优秀教师在科研过程中得到自我完善。

一、科研对教师的影响

当代中小学教师的角色由传统单一的"知识传授"型向多元化的——学生学习资源的组织者监控者、学生情感的疏导者、心理健康的维护者等"科研型、专家型"转变与定位是新时代教育对教师提出的要求。

实践表明，教师参与教育科研是提高自身综合素质的最佳途径。从事教育研究能进一步提高对工作的责任感，把握教育发展的客观规律和新的趋势，不断改进教育教学实践；同时科研也将不断增进教师的自我成就感，满足教师个人发展的需要，实现人生价值。有教育专家指出，教师参加科研工作以后有四个不一样。

（一）思想境界

教育科研，教师首先要从思想上澄清对开展教育科研存在的模糊和错误的认识，提高对教育科研必要性和可能性的认识，树立并坚定搞好教育科研的信心与决心。长期以来，在中小学教师中，对开展教育科研，很多人存在着一些错误观点。如中小学教师只需要教学，无需科研；中小学教师搞科研，再搞也搞不出什么名堂，科研只是高等院校和教育专家的事情，中小学教师只要上好课，管好学生，提高升学率就行了；中小学教师教学任务繁重，搞科研影响教学质量，经验即科研。在教育中凭经验办事，凭经验管理，凭感觉教学，重视经验，轻视理论，强调仿效移植，忽视科学规律的探索，诸如此类的想法和做法，严重地禁锢着广大中小学教师的思想，影响着教师队伍的进取，教师素质和教学质量的提高。

为此，我们应该转变思想，加强学习，提高认识。当前，教师应当努力成为教育目的的实现者、教学活动的指导者、教学方法的探索者、教学活动的创造者。丰富的教育实践为中学教师开展教育科研活动提供了广阔的天地。

（二）理论素养

从教育研究的角度看，有利于中小学教师开展教育科研活动。教育研究一般可划分为四种类型，即基础研究、应用研究、开放研究、行动研究。①基础研究，是纯教育理论研究和学术研究，目的是发现普遍规律，形成或发展教育理论；②应用研究，运用基础研究得出的一般原理，针对某个教育实际问题进行研究，检验和发展教育理论；③开放研究，把基础教育应用研究得到的结果，转换成可操作教育产品的研究；④行动研究，非正规的教育研究，解决学校、班级和教育方案中提出的即时问题，旨在立竿见影地应用，而不考虑发展理论和广泛的概括。

作为教育实践活动主要承担者和实施者的广大中小学教师，开展教育研究活动有着科研工作者所无法代替的优势。其优势在应用研究、开放研究和行动研究方面。事实上，学校教育本身是教育科学的"实验室"，教师整日操劳其间，一方面进行常规的教育教学活动，一方面进行教育科学研究活动，并力求把二者有机地结合起来，其优势是科研工作者无法比拟的。教师长期从事教育教学工作，富有实践经验，掌握第一手材料，理论联系实际，创造条件，所以说中小学教师开展科研活动天地广阔。当前教育改革的形势需要已造就一支有较强能力和较高水平的科研教师群体队伍，这是时代的需要。新课程标准的逐步推广加快了基础教育改革和科研的步伐。

（三）价值意识

开展教育科研有助于提高教师素质和职业价值。现代社会向传统教育提出挑战，也向教师职业提出了挑战，传统的教师工作是单调重复、创造性低的传授知识的活动。教育改革的趋势，要求教育要为未来社会培养创造性人才。这就对教师职业的素质要求产生了根本性变化。即由传统的单纯学科专业知识的要求，发展为学科专业知识和教育学科专修知识、心理健康辅导、学习方法指导等多方面的要求，要求教师具备新的知识结构和进行创造性教育活动的能力。教师基础知识和专业知识包括学科知识和教育学、心理学知识。教师教育能力也应包括教育能力、科研能力和管理能力三个方面。一个教师只有具备这些知识和能力，才能够适应现代教育的要求，创造出理想的教育效果。

从教师职业价值和社会地位来看，多年来，我们只重视寻求通过权威性的宣传，提高教师的物质和精神待遇，从而提高教师的职业价值和社会地位。然而我们却忽视了教师的社会观问题，即教师怎样看待教师这个职业，以怎样的德才学识来创造自身价值。开展教育科研活动，可以增强教师的劳动创造性，使教师由"教书匠"式的简单重复性职业劳动转变为创造性教育活动的"教育专家"，从而提高教师的素质和职业价值。

（四）教育能力

首先，开展教育科研有助于教育教学质量的提高。学校通过教育科研为办学注入新的活力，调动教师的工作热情，培养教师的主人翁精神。而教师对教育教学问题的探究，投身于教改事业，必需博采众长、博览群书，利用优秀科研成果去优化教学工作，拓宽思维空间，增强自身的科研意识，提高分析解决教育工作中实际问题的能力及自身的学术水平和理论研究水平。这显然有利于教育教学质量的提高、学校声誉的提高，有利于学校特色的形成。在基础教育改革与发展的道路上，不断探索创新，围绕素质教育的轨道，依靠教改实验，从低起点、小坡度开始实行"小题大做"，通过多活动，快反馈，分类指导，逐步达标，多次的教改总结，定能取得丰硕成果。通过发挥学生的主动性，突出学生的主体性，不仅能使学生整体素质得到提高，而且为教学注入了活力，有效地提高了教学质量。

其次，开展教育科研有助于调动教师的积极性。教师从事教育科研，展示个人才华，挖掘自身潜能，拓展自身的创造性有益于个性发展。潜心于教育科研，从中可领略到创造的意境，各具特色的学生个体可能因教育实验的操作变得更具鲜明，素质更为全面，这无疑有益于教师独特教育风格的形成。通过科研成果的展示，教师又可获得成功的喜悦和创造的乐趣，极大地调动教师的积极性。教师发表论文，不仅体现学术价值，如成果被他人引用、借鉴或付诸实践，而且能体现出社会价值，如提高在同行中及社会上的知名度。

二、教师在科研中成长

课程是教育过程的核心因素，是关于教什么的决定因素。教师不仅需要知道教什么，还要知道为什么教。根据社会发展需要、课程发展需要、学生个人发展需要、教师专业发展需要，教师要有衡量和筛选课程内容、课程设计、课程实施的能力。这一切工作，教师都需要有一定的专业能力才能完成，从这个意义上说，教师就是课程。同样的课程，不同的教师去上，就会有不同的效果，就是这个原因。教师在教育教学中的行动，构成了课程体系，教师也就成了课程的核心。教师参与教育科学研究有利于改进教师的教学工作。通过教育科研，教师知道了自己的行为习惯和思想观念，找出自己存在的问题，从而采取行动改进自己的工作。

教师参与研究还可以帮助教师从日常繁杂的教学中脱身出来，在研究中获得理性的升华和情感上的愉悦，提升自己的精神境界和思维品位。正如苏霍姆林斯基所言："如果你想让教师的劳动能够给教师带来乐趣，使天天上课不至于变成一种单调乏味的义务，那你就应当引导每一位教师走上从事研究这条幸福的道路上来。"教师从事研究的最终目的不仅仅是改进教育实践，还可以在这个过程中重新认识自我，获得新的工作学习方式。在这种方式中，教师能够体会到自己存在的价值与意义，真正实现教师专业的自主发展。

那么，教师在科研过程中是如何成长的呢？

获取新知识。教师作为教育实践中的行动研究者，研究首先是发现行动和行动结果之间的关系和联系，比如教的行动和教的效果，学的行动和学的效果……研究的结果，是获得对其中关系和联系的认识，得到关于自己，关于学生，关于教，关于学，关于教材等方面的新知识。这是一个修正和更新、完善和丰富研究者原有认识的过程。在这个过程中，教师作为研究者，其原有的知识背景、知识内容和知识结构都将随之而改变，并得以重新建构。

获取实践效果。对教育各种事实和现象之间的联系和关系的深刻洞悉和把握，有利于认识、理解和预测教育实施和现象的发展方向和趋势，从而对其进行更有效的促进和控制。这样，有了前面获得的新知识作为基础，教师作为研究者就有了进行新的实践的可能。在研究过程中教师做事的手段和方式会有新的突破，并由此产生或者获得新的实践结果，这相当于获取一种新的事物。这种新，是一种推陈出新的新，一种超越既往的新。这种改变、突破和超越是人的"自由自觉的本质力量"的一种实现和体现。这种人的"自由自觉的本质力量"的对象化活动是一种美的创造和展示。《学记》中有句话："学然后知不足，教然后之困。知不足，然后能自反也；知困，然后能自强也。故曰，教学相长。"那么，对于教师科研来说，教学与研究也是这样一对关系。

这是一个重新认识自我的过程。新知识的获得和新的教学实践的实施都意味着一个新的教师的诞生。卡西尔说："人被宣称为应当是不断探究它自身的存在物——一个在他生存的每时每刻都必须查问和审视他的生存状态的存在物。人类生活的真正价值，恰恰就存在于这种审视中，存在于这种对人类生活的批判态度中。"教师在进行教育科研过程中最重要的一个任务便是重新认识自我，是一个自我审视的过程。而当下教育科研的很多问题归根结底是研究者对自身研究不够，并不能改变自我的认识。事实上，人类只有面对人自身才能达到对人的理解，只有这样，我们才能对人类也就是我们自身负责。正如某位哲学家所说的那样："研究他自己的意义和实在，研究自己来自何方，走向何方。然而，当他在争取一种新的自我理解时，他也在争取他将来的形式。"但是，认识自我不仅仅是一种单纯的理论兴趣、好奇心。我国古代经典中便将此道阐明："格物，致知，诚意，正心，修身，齐家，治国，平天下。""诚意，正心，修身"便是对自身的研究和改变，是"齐家，治国，平天下"的前提和基础。柏拉图在《斐德诺篇》中写到，苏格拉底路遇斐德诺，和他到伊里苏河边去散步，伊里苏河碧波荡漾，高大的梧桐枝叶葱葱，汩汩的泉水清澈透明，夏天清脆的声音和着蝉的歌唱，苏格拉底看见这美不胜收的自然风光喜不自禁，这使斐德诺非常惊奇。斐德诺说，这是传说中风神博瑞阿斯掠走魅力的希腊公主俄瑞堤娅的地方，问苏格拉底相不相信这个传说。苏格拉底回答道："我没有功夫做这种研究，我现在还不能做到德尔斐神谕所指示的认识你自己。一个人还不能认识自己，就忙着研究一些和他不相干的东西，这在我看来是十分可笑的。"对于苏格拉底来说，"未经审查的人生是不值得过的"。这对于教师自省，可以说是振聋发聩的。

教师科研是为了不断更新自己，超越自己，把成果付诸实践，推动教育事业的发展。整个科研的过程是一种升华，是活在"理想"的世界中，向着"可能性"进军的过程，是一种成长的过程。

第三节　研究课题及研究对象的确立

一、把问题转化为研究课题

如果说教育科研是一项战略性工作，课题选择就是其起点，也是研究成功的关键所在。它关系到研究者的兴趣、特长；关系到课题研究的范围、难度；关系到课题研究的方向价值……

爱因斯坦说，提出问题比解决问题更重要。没有问题就没有研究，问题是研究的动力，是创造的前提，是产生实际效益的基础。但一提到研究问题，似乎就很神圣，其实，研究问题本身是人们的一种基本生活方式。比如，桌子上放着一个苹果，一个小孩想拿到它。如果不费力就能拿到，就没有问题了。如果拿不到，他就会想，怎么办？这就要提出假设，如找根棍子拨一下行不行？然后找来验证。拨下来，拿到了，问题就算解决了。如果还拿不到，可能会提出新假设，再找一个凳子；如果找不到凳子，又会想找一个能代替凳子把人垫高的东西，比如砖头，最后拿到苹果，把问题解决了。

问题本身又是怎么来的呢？它来自研究者的询问、发问与追问。教师只有养成向教育教学的日常生活询问、发问与追问的意识和习惯，才能不断提出有意义的值得研究的教育教学问题。但是教师职业本身的相对封闭特性和教师日常生活的重复性特征却容易使教师对其自身所面临

的问题熟视无睹。当问题习以为常地不再被看作是问题，解决问题就没有意义了，课题研究更是无从谈起。

问题水平决定研究的水平。问题的现实性、深刻性、全局性、前瞻性决定了问题的水平。从不同角度可以把问题分为不同的类型。从问题指向和层次来分，有理论问题和实践问题。理论问题是关于"是什么"、"为什么"的问题，即事实问题、价值问题；实践问题是关于"做什么"、"怎么做"的问题，即操作问题、实证问题。从问题性质和意义来分，有真问题和假问题，其区分维度在于"事实—虚构"与"有意义—无意义"。在教学研究中，真问题起码应具有两方面的属性：①客观性。所说的问题是客观存在的，是教室里发生的"真实的问题"而非"假想的问题"，是教师（研究者）"自己的问题"而非"别人的问题"。②价值性。所说的问题对教学理论与实践的发展来说是具有意义的，问题探究有助于提示教学规律，深化教学认识，或有助于解决教学问题，改善教学实践。

课题的形成是一个由感觉到的、意识到的问题经过概括、提炼、转化到确定问题的过程。确定问题意味着该问题已成为研究者关注的焦点、思考的对象，对问题的探究已经成为研究者的行为和工作。从教师角度而言，研究课题的确立要基于以下五个方面来考虑：

第一，学科背景。课题要与自己任教的学科相关联，从而使课题研究活动与日常的学科教学活动合二为一，体现"教学即研究"、"研究教学化"的理念。

第二，经验基础。任何研究都不可能凭空进行，教师原有的教学、研究的经验和基础是开展课题研究的必备条件。

第三，兴趣爱好。每个教师都有自己的专业兴趣点，有的教师喜欢探究学科本身的问题，有的教师乐意思考教学过程的问题，有的教师则对学生及其成长感兴趣。课题研究如果能和教师个人的兴趣爱好相结合，则能起到事半功倍的效果。

第四，教学意义。教学意义是研究课题的价值定位。研究课题应该

优秀教师的专业成长之路

围绕教学活动中的重点、难点等具有普遍性的问题来确立，从而使课题的研究在化解教学难点、重建教学模式、改进教学方式时有所突破，有所创新，有所前进。

第五，实际可能。课题研究对研究资料、人员素质、时间投入、学术环境等都有一定程度的要求，一方面学校要积极营造研究氛围、创造条件，另一方面，研究课题的确立一定要从学校和教师的实际出发，同时着眼于学校和教师最迫切解决的问题。

二、明确研究对象

研究首先要明确研究对象。任何研究领域都有自己特殊的对象，教师教育的对象是学生，教育的内容是教材，教育的目标是教会学生学会学习、学会做人。因此，教育研究的对象是教育存在和人的学习。教育存在包括教育现象、教育过程和教育理论。人的学习，一般来说主要是指学生、学校、教师等。

教师都要进行教育科学研究，这是我们最近几年形成的共识，并有一些政策和措施予以保证。一说到教育研究，长期以来，人们总是认为，教育研究就是对教育现象的研究。而进行教育现象研究，又总是认为要通过课题研究撰写"上升到理论"的论文（研究报告等）。因而自然地得到这样的结论：每一个教师都要进行教育科研，就是每一个教师都要进行教育现象研究，都要撰写"上升到理论"的论文。

苏霍姆林斯基说："教育，就其广义理解来说，就是一个受教育者和教育者都在精神上不断地丰富和更新的多方面的过程。同时，这个过程的特点是，各种现象具有深刻的个体性：某一条教育真理，在第一种情况下是正确的，在第二种情况下是无用的，在第三种情况下就是荒谬的了。"

教师教育科研不仅要研究教育现象，还要研究教育存在，根据对教

育存在的认识，来研究"人的学习"。

对于大部分中小学教师来说，最主要的或最基本的，应该是教育具体对象研究，如学生、教材、课堂教学等，是理论"以人为本"的研究活动，是理论应用于教育对象的研究，而不是"进行那种通过大量事实而做出科学概括的研究工作"——教育现象研究。而对于一些教育科研工作者来说，则需要对教育中存在的具体教育现象进行深入的研究。因此，教师进行教育科研最重要的是要明确自己的研究范围，以此来确定自己的研究对象。

在教育对象中，我们所要研究的每一个群体有时叫做研究总体，在进行一个课题的研究时，我们首先要进行研究样本的选取（抽取），但是，教师进行教育科研时要根据自己确立的科研目标来明确具体的研究对象，选取样本。

选取一个样本一般它应该满足一定的条件：

（1）所选取的样本应该具有代表性。如果没有一定的代表性，那么所研究出来的结论就没有普遍性的意义，成果也就没有推广价值。

（2）所选取的样本必须满足统计学的条件和要求。也就是所选取的样本容量要达到一定的数目要求。

（3）在可能的情况下，研究对象应该尽可能地随机抽取，这样可以增加研究成果的普遍性和科学性。

那么，教师在科研过程中，学生、学校、教师等都可以成为科研对象。研究对象的确定也就决定了研究任务以及此后研究过程中科研方法的运用。可以说，明确研究对象是整个教师教育科研的基础。

第四节　教育科研方法的选择

教师进行科研教育的科学研究要以教育经验为基础，在实际研究中将经验和理论、实践相结合，以科学的态度和方法，注意理论联系实际。人类社会发展到现在，已经在教育科研领域取得了许多科学的研究成果，总结出了许多行之有效的科研方法。经常使用的几种方法有：

一、观察法

观察法是教育科学研究广泛使用的一种方法。观察法是客观、全面地了解教育现象，深入了解教育对象，发现问题的重要手段；是制定正确措施和方法，提高教育质量的前提；是进一步认识教育现象之间的内在联系，把握其本质属性，探索新的教育规律的重要方法。

研究者按照一定的目的和计划，在自然条件下，对研究对象进行系统的连续的观察，并作出准确、具体和详尽的记录，以便全面而正确地掌握所要研究的情况。观察法不限于肉眼观察、耳听手记，还可以利用视听工具，如录音机、录像机、电影机等。

观察法根据观察目的、内容、方式和手段等的不同而分为不同的类型。了解观察法的不同类型，是为了在研究中能根据实际情况灵活运用和掌握。

（一）按观察的环境分：自然观察法和实验观察法

1. 自然观察法

就是所要求的环境在自然状态下，作为研究者对观察对象不施加任何控制变量。可以看出运用自然法，观察者能收集到客观真实的材料，但这些材料往往是观察对象的外部行为表现。

2. 实验观察法

这是在人工控制的环境中进行系统观察的方法。特点是要求对被观察者行为表现的一个或更多的因素进行控制，从而发现这些影响因素与被观察者的行为表现之间是否存在因果关系。

比较两种方法，我们会发现自然观察法能搜集到研究对象在日常生活中的真实、典型的行为表现，但研究者处于被动，难以揭示那些较少在自然状态下表现出来的心理特点；实验观察法能使研究者获得更全面、更精确、更深入的事实和资料，但要求较高，难度较大。

（二）按观察者是否直接参与观察对象正在进行的活动分：参与性观察与非参与性观察

1. 参与性观察

这是英国的一位人类学家提出来的。就是指观察者参与到观察对象的活动之中，通过与观察对象共同进行的活动从内部进行观察。观察者成了被观察者所接纳的成员。在教育教学当中，如果对某校师生关系做观察，研究者是以新教师的身份融入其中，还是以上级部门领导的身份听听课，座座谈，效果更好呢？显然，以新教师身份融入师生之间，采用参与性观察更能获得真实信息。

2. 非参与性观察

观察者不参加观察对象的任何活动，借用一句成语就是"袖手旁观"，完全以旁观者的身份进行观察。俗语说，旁观者清。其优点是由于不必参加观察对象的活动，观察者的记录更方便、客观，个人情感因

优秀教师的专业成长之路

素也少得多。

此外，还有取样观察法、追踪观察法等。在此不做详细介绍。教师在科研过程中需要根据自己的需要来采取不同的观察方法。

观察法的步骤是：

（1）事先做好充分的准备，制订观察计划。先对观察的现象作一般的了解，然后根据研究的任务和研究对象的特点，确定观察的目的、内容和重点。如果情况复杂或内容多，可采取小组分工观察。最后制定整个观察计划，确定进行观察全过程所需的次数、时间、记录用纸、表格，以及所采用的仪器等；并考虑如何保持被观察对象的常态等。

（2）按计划进行实际观察。在进行过程中，既要严格按照计划进行，必要时也可随机应变。要选择最适宜的观察位置，集中注意力，记下重点，不被无关现象扰乱，观察时可借助仪器及时做记录，不要事后回忆。

（3）及时整理材料，对大量分散材料利用统计技术进行汇总加工，删去一切错误材料，然后对典型材料进行分析。如果有遗漏，要及时纠正，对反映特殊情况的材料另作处理。

二、调查法

调查法是按照一定的目的和计划，间接地搜集与研究对象有关的现状及历史材料，从而弄清事实，分析、概括，发现问题，探索教育规律的研究方法。在调查的过程中，经常利用观察法作为调查和核对材料的手段。调查法必要时可与历史研究法、实验法等配合使用。

调查要有明确的目的，并制定具体的调查方案。调查对象总体的选择要恰当，要运用科学的抽样方法进行抽样。要利用多种手段收集资料，并具有典型性、客观性和真实性。对调查资料要进行系统化整理，并尽量运用数理统计的方法和图示的方法进行分析。一般采用以下三种

调查方式：

（一）问卷法

问卷法是调查者将调查的内容编制成问题或表式，由调查对象填写答案，然后回收，进行整理、统计、研究的一种调查方法。

重要的是做好问卷设计。首先要写好问卷导语，即简要写明问卷的目的、意义和要求。主体内容是做好问题设计，题目要具有科学性、合理性和针对性，既能明确地反映出调查者的意图，又能让答卷者真实、准确地进行回答。可有选择题、是非题、填空题、回答题等。题目的组成和顺序都要有一定的安排，还要注意问卷结果要便于统计，并充分考虑利用现代化手段进行统计。

（二）访谈法

访谈法是调查者针对某一特定研究目的，通过与调查对象面对面的谈话方式了解情况，收集所需要的资料的方法。

访谈的内容大致可以分为三类：①事实的调查，旨在要求被访者提供确实知道的一般情况；②意见的征询，即征求被访者对某个教育问题的看法、意见和建议；③了解被访者的内心世界和心理动机，包括个人的认知、经历、体验、兴趣、爱好、抱负、信仰、思想特点、个性特征、心理品质，乃至家庭情况、社会关系等。

要做好访谈设计，就要确定研究的问题，确定访谈的样本和方法，拟定访谈提纲等。

谈话的对象可采用个体访谈，也可以对有相同看法和经历的一组人进行访谈。谈话结构可采用封闭型，即有明确的答案；也可采用开放型，即完全没有明确的答案；也可采用半开放型。谈话方式可采用答辩访谈法，也可采用叙事访谈法。

研究者亲自访谈，会使调查工作深入、全面、准确。障碍是被调查者常有"警戒心理"。为进行好访谈，有以下几点需要注意：

其一，选择访问对象时应考虑到对方能否提供有价值的事实材料，是否乐于回答所提出的问题。因此访问者对于被访问者的经历、地位和个性特征，事先应有所了解。

其二，访问的时间和地点应以不影响被访者的工作或学习为前提，最好是利用课余或休假时间。

其三，访问者取得被访者的信任和合作是关键。为此访问者在访问前需取得被访者同意；谈话前说明访问目的，使对方感到问题的重要；访问者的态度要诚恳、有礼貌等。

其四，要善于洞察被访者的心理变化。要机智，善于临机应变。

其五，要掌握发问的技术。提问题通常有三种方法：①直接法，即开门见山，直截了当地提出一个问题让对方回答；②间接法，问的是甲，实际想了解的是乙；③迂回法，即从各个不同的侧面了解一个实质性的问题。当谈话离题时要善于巧妙地把话题引到原定的目标上来。

访谈要选择好记录方式（笔录、录音、录像、相片等）。对访谈记录要及时整理和分析：①进行事实归类分析，找出因果关系；②从事实资料中产生新的学说和理论，形成结论。

（三）作品分析法

作品分析法是对调查对象（明确总体和样本）的各种作品，如笔记、作业、日记、文章等进行分析研究，了解情况，发现问题，把握特点和规律的方法。

作品分析法需要有明确的目的和计划，对要分析的作品要确定范围和分析的重点。作品分析法多用于个案研究或群体的心理品质和个性特征等方面的研究。

无论采用哪种调查方式，调查实施后，都应写好调查研究报告。一般调查研究报告的内容包括：调查背景，调查目的，调查对象，调查进行的时间和方式，主要数据统计及分析（结论），对策和建议，主要参考文献等。

三、行动研究法

行动研究法是最受教育工作者欢迎，运用最为普遍的科研方法，是我们教育工作者要重点掌握的一个教育科学研究方法。

行动研究法产生于20世纪中叶。当时，一般科研工作者认为"行动"与"研究"是不同的人从事不同性质活动的概念。而美国的著名社会心理学家科特·勒温和社会工作者约翰·考尔在各自的工作中发现：社会科学研究者仅凭个人兴趣，或只为了"出书"而搞研究；而实际工作者如果不去研究自己所处的环境和面临的实际问题，又得不到研究者的帮助，任凭个人的热情去工作，就无法做出"有条理有成效的行动"。对此，勒温认为："没有无行动的研究，也没有无研究的行动。"因而，他阐述了行动与研究间的密切关系，并提出了一种社会科学研究的新思路、新方法，即强调研究选题应该来自实际工作的需求，研究须在实际工作中进行，研究应由实际工作者和研究者共同参与来完成。同时他还强调，研究的成果应为实际工作者所理解和掌握，并加以实施。研究的最终目的，是为了解决实际问题以改善社会行为。他进而指出，这是一种"将科学研究者与实际工作者的智慧和能力结合起来以解决某一事实的一种方法"，由此，为"行动研究"正式定了名称。20世纪50年代，"行动研究"被介绍到教育界，随后广泛应用于教育行政管理、教育、教学及课堂的教育科学研究之中。

可见，行动研究是指有计划、有步骤地对教育实践中产生的问题，由教育实践工作者和教育研究者相结合，边研究边行动，以解决实际问题为目的的一种科学研究方法。

行动研究的过程可归纳为以下五个步骤：

（1）确定问题。从学校实际工作出发，提出教育教学以及管理方面的亟待解决的问题和改变的初步设想。收集有关资料，明确研究目的和意义。

（2）制定计划。首先要制定系统的总体计划，包括研究的目标内容，途径方法，管理评价等，还要制定具体的行动计划，安排好活动的先后顺序等。

（3）行动实施。要组织参与研究的人员进行学习和培训。要按计划所制定的措施采取行动，组织活动。要注意活动资料的收集和整理，注重实际效果和问题的解决。

（4）分析与评价。对研究所获得的数据和资料要进行系统的科学处理，及时对研究的成果进行分析和评价。

（5）提出报告。报告的内容应该包括研究背景，理论依据，目标内容，实践操作，效果结论及思考与建议等。

总之，行动研究法使教育实践工作和教育科研工作统一起来，是我们要重点掌握的一个教育科学研究方法。

四、文献法

文献法是研究者按照一定的研究目的或课题，通过研究文献活动，全面、正确地了解、掌握所研究的问题，揭示其规律、属性的一种方法。《学校教育科研全书》中写道："在教育这个特殊的领域，文献法更具特殊重要的意义。古今中外，一切有贡献的教育家都是在广泛吸取前人成果的基础上，即运用文献法对前人的成果加以吸收，运用，以及创新而取得的。千百年来，丰富的教育文献资料积累了无数有关的教育事实、数据、理论、方法，以及科学假设和幻想，成为人类宝贵的精神财富。"文献法主要是通过阅读有关图书、资料和文件来全面地正确地掌握所要研究的情况。查阅的文件最好是第一手材料。如果是第二手材料，必须鉴别其真伪后才可选用。

文献法的步骤：

（1）搜集与研究问题有关的文献，如图书、资料、文件和原始记录等。然后从中选择重要的和确实可用的材料分别按照适当的顺序阅读。

（2）详细阅读有关文献，边读边摘录，边立大纲。

（3）根据大纲，将所摘录材料分条组织进去。

（4）分析研究材料写成报告。

使用这一方法需注意：查阅文献之前，要有与研究问题有关的知识准备，否则难于从材料的分析中作出正确的结论。

调查法研究者需要有计划地通过亲身接触和广泛了解（包括口头或书面的，直接或间接的），比较充分地掌握有关教育实际的历史、现状和发展趋势，并在大量掌握第一手材料的基础上，进行分析综合，找出科学的结论，以指导以后的教育实践活动。

第五节　课题研究的步骤

一、界定研究内容

中小学教师开展课题研究首先必须明了研究的内容，否则，研究工作将无从着手。如对"中小学生自主学习能力培养研究"的课题，我们界定的研究内容主要由两部分组成。①侧重理论方面的研究内容有：自主学习的本质和特征，自主学习能力的构成和表现，中小学生自主学习能力形成和发展的过程和规律。②侧重实践方面的研究内容有：中小学生自主学习能力培养的教学原则、教学策略，以自主学习为核心的课堂教学模式，各学科自主学习的特殊性。这样的内容界定使课题具体化、明朗化，问题结构有了层次，也比较清晰，各科教师都可以选定其中的任何一个问题，作为课题研究的切入点、聚焦点和突破点，任何一个问题在解决的过程中，必然会引出新问题，从而成为研究课题的派生问题。

二、设计研究方案

问题明确后，就要进一步分析问题的原因，规划问题解决的方法和

步骤。这里最重要的工作有两方面。

第一，了解已有的研究成果，学习相关的理论。任何课题研究都不是从"零"开始的，有效的研究都是以原有的成果为起点的。教师要围绕课题研究的问题，搜集相关的文献，并对文献进行认真阅读和分类梳理，从而全面了解同类或相关课题研究现状方面的信息，明确已有的研究结论和经验，发现原有研究的不足，站在问题的前沿，寻找研究问题的理论支撑，保证研究工作在理论指导下有针对性地开展。

第二，提出自己的研究假设，这是研究方案中最富有个性和创造性的部分。任何假设都具有假定性、科学性和预见性。所谓假设性是说它具有推测的性质，即这种假设是现实中暂不存在的或未被确认的，或虽见于彼处却未见于此处的，它可能被实践证实，也可能被证伪，因此，假设决定了研究的探索性。但是假设又并非臆断，它以教育理论为导向，以经验事实为根据，以原有的研究为借鉴，又经过研究者的论证和交流，因此，假设又具有科学性。正是科学性避免了研究的盲目性。假设也是一种走在行动之前的思想、一种先于事实的猜想，是研究者从思想观念上对未来的洞察和把握，所以它能使研究活动更富有预见性。事实证明，一个好的假设，是课题研究的关键。当然，一个好的有价值的研究假设的提出是要有过程的，研究者要在研究过程中不断修改、完善研究假设。

三、开展研究

开展研究具有以下几个特征：

第一，验证性。检查研究方案的可行性，证实或证伪研究假设。这是课题研究的基本特征。

第二，探索性。发现和寻找各种新的可能性。行动绝不是按图索骥、按部就班的机械活动，而是一种积极寻找和探索的过程。这意味着教师在行动时，不应拘泥于原有的假设和事先的设计，要根据实际情况，随时对方案做出有根据的调整和变更。探索性是课题研究的本质特征。

第三，教育性。服从、服务于学生的成长和发展。任何行动都应该无一例外地遵循人道主义原则，体现教育活动的价值导向和人文关怀，无条件地有利于所有学生的成长和发展，这是行动的最高原则。验证和探索只有在完整地关注学生的全面成长的前提下进行才是有价值的、符合教育道德的。教育性是课题研究的灵魂。

开展研究不仅需要行动，而且也要求"写作"，教师应将研究过程中发现的新问题，激发出的新思考、新创意，忠实而全面地记录下来，并改进自己教学行为的方案，在以后的教学实践中做新的尝试。在尝试过程中记录新发现，形成新思路，从而使自己的教学行为处于不断重新建构之中。

四、总结研究成果

在总结这个环节中，教师要做好以下几件事。

第一，整理和描述。即对已经观察和感受到的与研究问题有关的各种现象进行回顾、归纳和整理。其中要特别注重对有意义的"细节"及其"情节"的描述和勾画，使其成为教师自己的教育故事或教学案例。这是叙事研究在课题研究中的体现，它会给教师的研究带来新的变化。教师作为研究者不再依赖于他人的话语而转向直接讲述自己的教育生活经历和教育生活体验，"做自己的事"、"说自己的话"。这是个人课题研究改变教师职业生活方式的关键。

第二，评价和解释。在回顾、归纳和整理的基础上，对研究的过程和结果作出判断，对有关现象和原因作出分析和解释，探讨各种教学事件背后的理念，揭示规律，提高认识，提炼经验。

第三，重新设计。对原有方案及其实施中存在的各种偏差或"失误"要及时修改；同时，要及时添加新的感悟、新的发现、新的认识和新的思考，并付诸实施。个人课题研究不可能停滞在一个凝固的"成果"上，它是一个不间断的自我修订、自我完善的"过程"。所以，任何总结，都只是意味着一个新的开始。

最后，教师应该撰写一份相对完整的课题研究报告。其构成主要包括：课题提出的背景，课题研究的目的和意义，已有的研究成果，课题研究的内容、目标，课题研究的实施过程，课题研究的主要结论等。这是一般的体例，切忌形式化和绝对化。写作过程也要避免"科学化"、"客观化"的纯理性论述，要积极采用生活故事和经验叙事来撰写课题研究报告，突显课题研究的人文性、个体经验性，反映教师的个体体验和个体实践知识，使研究报告充满生活气息和人文气息。

第六节　教育科研成果的表述

教育科研成果，是针对某种教育现象，某一教育课题或某种教育理论进行调查研究、实验或论证后得出的新的教育观点、新的教育思想、新的教育方法或新的教育理论。对教育科研成果进行表述，不仅是为了科学地总结自己的研究工作，更重要的是向教育界以至社会提供教育科研信息，以丰富教育理论宝库和带动教育实际工作。

教育科研成果的表述，是一个严密的思维过程，需要一定的分析、综合、抽象、概括的能力，要求有准确运用语言的能力和技巧。缺乏一定的思维能力和表述能力，总结、表述不好，课题研究只能是一种无效或低效的劳动。教育科研成果的表述，有助于培养、提高研究者的思维能力和表述能力，进行有效的科研活动。

教育科研成果的表述形式是多种多样的，研究的任务不同，研究成果的表述形式也不一样。一般来说，教育科研成果的表述形式主要有两大类：一类是教育科研报告，另一类是教育论文。

一、教育科研报告

教育科研报告是描述教育研究工作的结果或进展的文件，是报告情况、建议新发现和新成果的文献。它是教育研究工作者广泛使用的一种文体。随着教育研究的内容与方法的不同，研究报告也有不同的。

（1）实证性研究的报告。即用实证性方法进行研究、描述研究结果或进展的报告。如对某个教育问题进行调查研究写成的调查报告，对某种教育现象进行科学实验后写成的实验报告，对某个学校的教育教学经验进行总结以后写成的经验总结报告等。这类报告都是以直接研究所得到的材料为基础，对研究的方法和过程加以分析，找出规律性的东西，提出经验、办法、建议及存在问题，得出应有的结论。

（2）文献性研究的报告。即用文献法进行研究的报告，如教育史研究中的文献考证的报告。这类研究报告以对文献的分析、比较、综合为主要内容，并展示文献的考证过程，说明文献的来源与可靠程度。

二、教育科研论文

教育科研论文是教育科研工作者对某些教育现象、教育问题进行比较系统、专门的研究和探讨，提出新观点，得出新结论，或站在新的角度作出新的解释和论证的一种理论性文章。

论文通常有多种分类方法：按写作要求可分为投稿论文和学位论文；按篇幅数量和规模可分为单篇论文和系列论文；按研究的特点、层次和水平又可分为经验性论文（教育教学工作经验的理论总结）、研讨型论文（针对教育实践和理论中问题，进行专题总结、分析、研究）、评述性论文（对问题进行专项综述和评析）、学术型论文（对教育问题进行专门、系统的研究，总结规律，揭示本质，进行论证和证明）等。

三、其他表达方式

研究报告、论文不是课题研究成果的唯一表达方式。中小学教师自始至终是生活在教育科研的现实场景之中的，其研究也应有自身独特的研究表达方式，如日志、叙事、案例、反思等。这些方式便于操作，与教师工作实践相辅相成，能很好地解决工作与研究的矛盾，是教师教育科研活动的重要载体。它们既可以成为教师教育科研活动过程的记录，也可以成为教育科研活动成果的表达方式，因此，我们都应做研究型的教师，要善于将自己的研究成果用恰当的方式表达出来，让研究为我们的教学注入无限生命活力。

（一）教育教学叙事

叙事就是讲故事，讲述叙事者亲身经历的事情，并把自己亲身经历的事情写下来。这种教育教学叙事，既不是检验某种已有的教育理论，也不是构建一种新的教育理论，更不是向别人炫耀自己的研究成果，而是以自我叙述的方式来反思自己的教育教学活动，并通过反思来改进自己的教育教学实践，不断提高教育教学质量。这种叙事所陈述的可以是自己在日常生活、课堂教学、教改实践活动中曾经发生或正在发生的事件，也可以是自己的个人工作总结等。它所记录的是具体的、情境性的、活灵活现的自己的经验世界，展现的是自己心灵成长的轨迹，说出的是教师在教育教学活动中的真人、真事、真情。也可以是亲眼所见，发生在身边的事，也可以是我们每个教师的亲历亲为，因此，写起来得心应手，挥洒自如。

（二）教育教学日志

日志展现的是自己对教育生活事件的定期记录，是自己有意识地把真实的活动场景转化为文字、语言符号加以记载，也就是梳理自身的行为，使之有意识、有条理、清晰地表达着自己的思想和做法。教育日志的记录可以是每天或几天记录一次，但至少是每周记录一次，教育日志不是仅仅罗列自己的生活事件，而是通过聚集这些事件，让自己更多地了解自己的思想和相关行为。在日志中，记录的是教师在实践活动的过程中，所观察到的、所感受到的、所解释的和所反思的内容，是教师所

见所闻、所思所感的自由写作。一位学者说过："凡是引起你注意的，甚至引起你一些模糊的猜想的每一个事实，你都把它记入你的记事簿里，积累事实，善于从具体事物中看出共性的东西，这是一种智力的积累，有了积累这个基础，就必然会有那么一个时刻，使你顿然醒悟，那长久躲闪着你的真理的实质，会突然在你面前打开。"这种顿悟就是长期积累的结果。

（三）教育教学反思

反思是一种批判性的思维活动，反思本身不是目的，其目的在于切实变革实践，提升教师自身的教育教学水平。叶澜教授也曾经指出："一个老师写一辈子教案不一定成为名师，如果一个老师写三年反思有可能成为名师。"可见反思在教师专业成长中的作用非同一般。正如《实践、反思、读书》中所说，反思就是借鉴别人、思考自己、留下精华、丰富自我。那么，如何反思、反思什么可能是我们老师在反思中遇到的最大的问题。反思什么：教学的定位、动态生成、教学设计、教学效果、教学资源等教学中的任何疑难问题都可以成为反思的对象，对教学中任何困难的思考都有可能成为教学智慧产生的源泉，对教学中任何关键性问题的不断求索都可以增进教师的反思能力。如何反思：把教育教学理念作为反思的着眼点，把相关经验和理论作为反思的重要参照，把整体反思与局部反思相结合，把反思贯穿于教育教学的全过程，把反思结果运用于实践、改进实践等，凡是能够把自己的教学思考和认识恰当地表达出来的方式，都可以尝试运用。

（四）教育教学案例

我们每一位教师在教育教学生涯中，都会遇到这样或那样的问题、事件，可能面对一些学习困难的学生，也可能面对一些学业成绩较好的学生；可能有的学生在某些科目当中学习得很好，而在有些科目的学习上存在着很大的困难；有的认知和情感发展不平衡等。诸如此类的事件、问题实际上都可以经过一定的思维加工，以案例的形式体现出来，成为大家共同探讨的对象。案例的撰写为教师自己提供了一个记录自己教育教学经历的机会；可以促使教师更加深刻地认识到自己工作中的重点和难点；可以促进教师对自身行为的反思，提升教学工作的专业化水平；可以为教师之间经验的分享，加强沟通提供一种有效的方式；可以架起教师理论研究与教学实践的桥梁。

为了保证教育科研成果表述的质量，研究者必须遵循以下基本要求：

（一）科学性

科学性是科学研究成果的生命所在。教育科研成果的表述必须观点正确、材料可靠，论证要以事实为依据，无论是阐述因果关系，结论的利弊和价值，结论的实用性和可行性，都必须从事实出发。推理要合乎逻辑，不可无根据地臆断。

（二）创造性

创造性是衡量教育科研成果质量水平高低的重要依据。别人没有提出过的理论、概念、教育教学新方案，新的实验方法，别人没有观察到的现象，在实验和调查中第一次获得的新的数据等，都是创造性的研究成果。

（三）规范性

教育科研成果的表述虽无定法，但有常规可循。在撰写教育科研成果时，要按照一定的格式，不能忽视最基本的规范要求。写作之前要有明确的计划和提纲，要根据研究的结构特点和逻辑顺序，研究课题的任务和内容，来考虑表达的形式和表述的方式。

（四）可读性

为了便于传播和交流，教育科研成果的表述应具有可读性。科研成

果的语言阐述必须精确、通俗，在不损害规范性的前提下，尽可能使用简洁的语言。专门的名词术语可以用，但不能故弄玄虚。文字切忌带个人色彩，一般不采用比喻、拟人、夸张等修辞手法，不可把日常概念当作科学概念，不宜采用工作经验总结式的文字。

[案例呈现]

优秀教师的专业成长之路

与小课题同行

由于受诸多外部因素的制约，初中生的英语写作水平和对英语写作的兴趣普遍不高，其写作内容往往缺乏个性和创造性，大多数学生中考时很难在英语写作上取得好分数。我尝试使用丰富的网络资源改变这一教学困境。我选定了"网络辅助英语写作教学"这一小课题为攻关目标，想通过博客内容提升学生的英语写作水平。

我首先建立了自己的博客并尝试英文写作。写博客的人大都会经历三个阶段：从网络信息的摘抄到与别人分享自己学习的快乐再到形成自己独特的思想感受。如果从英语写作的角度来分析，这三个阶段也正是写作发展过程的体验——最终也是学会用自己的语言表达自己的感受。这也正是英语写作教学最重要的意义所在。

博客往往不是只给哪一个人看的，它是公开发表的，这在一定程度上满足了我和学生的成就感，激励、督促着我们把它写好、写下去，慢慢形成了一个阅读和写作群体。博客所具有的回复功能可以让学生们的交流更便捷。我将学生编成几个小组，要求必须做一定量的回复。这样可以保证每个学生都能在网上进行充分的交流，而不只是教师一个人回复。交流是表达的催化剂，它可以进一步促进学生的写作，并能使写作内容进一步深化。其次，这种公开性所分享的不只是学生的表达内容，教师所进行的指导和其他同学的评论也得到了分享，使信息的分享更为广泛，学生在自己的写作和对其他同学的博客的阅读中都有所收益。而且，教师、同学的鼓励也是公开的，这就能够使写作者获得更大的心理满足。这样，我们就利用博客重新构建了英语写作教学中教师—博客—学生、学生—博客—学生、学生—博客—生活之间的网络结构。

回忆这几年小课题的研究历程，说实话，我有怨：天天泡在网上查找第一手资料，搜索一个个相关的网站，这是很累的！我也曾想：网络资源为什么这么丰富？关键词换一换，蹦出来的资料一批批，何时才查完？我进行小课题研究，学校没有一点资金支持也就罢了，竟然连时间都不给一点，只有自己利用业余时间上网查资料。因为英语写作在本质上和语言知识有关，而且要重视范文的分析和模仿，所以仅资源的储备工作我就干了整整三个月，为每一种题材的英语写作都搜集了大量的资料，并对资料审了又审，课题计划与实施步骤也是完善了又完善。当我把这一切展示在学生面前时，学生那高涨的热情刹那间冲走了我所有的苦。现在想来也正是小课题研究帮我积累了知识，助我打开了眼界，也让学生取得了不错的成绩。

脚踏实地地提高工作实效是我们一线老师首先追求的目标。因此，小课题研究是实现一线老师专业成长的好途径。

第六章
在教学评价中求得成长

　　教学评价是依据一定的客观标准，通过各种测量和相关资料的收集，对教学活动及其效果进行客观衡量和科学判定的系统过程。教学评价是教学活动不可缺少的一个基本环节，是促进学生成长、教师专业发展和提高课堂教学质量的重要手段。因此，如何科学有效地进行课堂教学评价也成为现代教学的基本组成部分，它不仅是成功教学的基础，而且是进行各种教育决策的基础。

第一节　教学评价的内涵及意义

一、教学评价的内涵

教学评价是根据教育目标的要求，按一定的规则对教学效果做出描述和确定，是教学各环节中必不可少的一环，它的目的是检查和促进教与学。

教学评价通常有广义和狭义之分。广义上，教学评价包括学校教学管理在内的教学工作的评价，教师对学生学习和发展的进展情况的评价，校长对教师教学绩效的评价，教育行政部门对学校办学水平的评价等。狭义上，教学评价指根据教学目标的要求，按照一定的规则对教学（主要是课堂教学）效果做出描述和评定的活动，也可以简单地理解为确定教学和学习是否合格的过程。基于新课程对教学评价能力发展的要求，我们将教学评价界定为对课堂教学的评价。

对于教学评价，可以从以下几方面进行理解：

（一）教学评价是按照一定的规则（价值标准）对教学效果进行评定的

怎样看待学生，把学生看成什么样的人，对学生采取什么态度？教师在教学设计中，为学生搭建怎样的发展平台，怎样遵循学生的心理发展规律？选择怎样的价值观进行备课？在教学过程中，教师应用怎样的

教学策略？师生之间进行了怎样的心灵体验和价值感悟，是否拥有获取知识的快乐？对这些教学问题的不同选择，就形成了教学评价准则。评价者按照这样的规则与标准，对教学效果给予专项或综合的评价。

（二）教学评价的目的是检查和促进教与学

教学活动涉及的要素众说纷纭，如教师、学生、课程、教学方式、教学内容、教学技术、教学策略、教学评价等。但是，基本的教学活动要素可以认定为：学生、教师和课程。课程是教师和学生之间连接的中介。新时期，新课程，带来的是新理念、新课堂。新的价值取向要求教师具备新的教师观和学生观，以及新的教学策略，要求新的师生关系，教学评价标准与要求也就随之有新的转变。但是，如何既促进教学的实效，又能促进人的发展，调动教学活动中的各种要素，发现和检查教学各环节所存在的问题，及时纠正并修正教学计划与安排，积极、合理、有效地利用各种教育资源，是教育始终不渝的追求。

（三）教学评价是采用多种方式对教学活动进行描述而确定的

新课程要求课堂教学评价往往针对教学活动的进程和学生的表现情况进行激励性的评价，在出现问题时教师会发动学生对遇到的问题进行诊断性的评价，教师也可以与学生一起作形成性评价；可以通过测评进行量化评价，还可以针对量化结果进行个别研究以后再进行诊断性、形成性、激励性的定性评价；既可以进行个体性评价，也可以实施群体性评价，还可以引导学生和鼓励教师积极进行反思性自我评价。总之，教学评价是根据教学活动的发展变化，采用最适宜学生发展的一种或多种方法整合的评价，以利于教学反思和改进。

对教师的课堂教学进行评价通常有三种方式：①对教学过程进行评价，这种评价主要是对教学过程的构成要素，如教师、学生、教学方法和教学环境等进行评价；②对学生活动进行评价，这种评价则是以学生的心理发展为评价中心，要求对学生在课堂教学中是否得到了认知、情感、动作技能等的发展和进步进行评价，它以学生在课堂上的行为表现作为基础；③对教学效果进行评价，它往往是在教学结束之后对学生的进步所进行的评价，与第二种评价的不同在于，前者主要是通过学生在课堂上的行为表现来推测其可能的收获，而对教学效果进行的评价则往往是在课堂教学之后通过考试等测量手段来进行的。

二、教学评价对教师专业成长的意义

教学评价对教师专业成长的积极作用主要表现在以下几个方面。

（一）教学评价对教师专业成长具有导向作用

首先，从教学评价的准则和标准来看，它们规定了教学评价究竟评什么、不评什么，达到什么样的程度为优良等，同时还向教师表明了人们究竟重视什么、忽视什么等关于教师专业成长的价值观念。只要这种评价的准则和标准都是科学、合理的，那么它们将能引导教师在思想上确立清晰的专业成长目标，在行动上制定出合理的专业成长规划，从而不仅使教师的专业成长活动具有目的性、计划性，而且能大大提高教师专业成长活动的效率。

其次，从教学评价的程序与方法来看。现代意义上的教学评价越来越重视评价过程，各种评价形式和手段的科学整合是完成评价任务的保证。它可以激发教师的内在需求，影响教师工作的态度，引导教师围绕评价标准积极主动地以主人翁的姿态投入到评价过程中，促进教师自身的不断发展。

再次，从教学评价的结果来看，它对教师工作的方向具有固化和强化的导向作用。教学评价结论是每个教师都十分关心的事情。教师通过分析自己的评价结果会发现，自己的努力结果哪些方面得到了认可和肯定，哪些方面没有达到标准，从而强化了教师对专业成长方向和目标的

科学认识。

（二）教学评价对教师专业成长具有诊断作用

在教学评价过程中，教师通过将自己的评价结果与评价标准作比较，就能发现自己的差距所在。并且，分项显示的评价结果可以帮助教师找到自己究竟在哪些方面存在不足，由此，教师必然追问一系列对其专业成长来说颇有意义的问题，比如，自己的教学态度端正吗？自己的能力素质是否存在缺陷？这些问题的发现过程其实就是教师借助教学评价进行自我诊断的过程。不仅如此，教学评价还为个体教师与身边的同事、学生、家长、学校领导等进行合作对话提供契机，这使得教师由此获得许多专业成长所需的反馈信息，从而更客观地、全面地认识自己的优势和劣势。

（三）教学评价对教师的专业成长具有激励作用

心理学家认为，人的一切行为都是有某种动机的。动机是人类的一种精神状态，它对人的行为起激发、推动、加强的作用。对于教师专业成长来说，旺盛而持久的发展动机是非常关键的。那么，教师的发展动机从何而来呢？个体教师所具有的敏锐的专业成长意识和强烈的专业成长要求当然是教师专业成长动机产生的重要源泉。尽管我们可以假设每个教师都能产生出这样的追求专业成长的最初动机，但是，我们不能忽视的一点是，教师的这种追求专业成长的原始动机是不稳定的，是脆弱的。因此，教师需要不断地得到激励，以强化发展动机，而这必然需要借助于有效的途径来实现。教学评价是众多的激发与强化教师专业成长动机的途径之一。通过教学评价，教师可以把自己专业成长所取得的突出成就展现出来，在得到领导、同事、学生及家长的肯定性评价和自我认可之后，教师的精神世界便会产生种种有利于教师专业成长的积极变化。这集中体现在教师所获得的成就感、认同感以及由此而产生的愉悦感、安全感和满足感。毫无疑问，这些都是激励教师专业成长的重要因素。根据萨乔万尼与卡弗合作的以教师为被试对象，对赫兹伯格的"双因素论"进行重复试验的结果，在16项的激励因素中，成就感占30%，认同感占20%，成长的可能性占6%。由此，可以肯定地说，教学评价对激励教师不断追求专业成长具有不可忽视的积极作用。

当然，教学评价对于教师专业成长的积极作用远不止这些，比如教学评价对培养教师的反思意识，发展教师的反思能力、自我管理能力、合作能力等方面也都有积极的促进作用。

第六章 在教学评价中求得成长

第二节　教学评价的原则及特征

一、教学评价的基本原则

课堂教学评价的原则主要体现在以下几个方面。

(一) 真实性原则

真实性原则指的是课堂教学评价，特别是学生学习结果的评价，强调在真实生活情景下对学生的发展进行评价，在真实性评价中应该包括有真实性任务，即某一具体领域中专家可能遇到的那些真实的生活活动、表现或挑战。

美国学者戈兰特·威金斯认为真实性评价有五个特征：①评价既指向学生学习的结果，也指向学生学习的过程，凸显评价的诊断与服务功能，即为学生的学习提供有效的反馈和建议，而不仅仅是选拔与区分功能；②强调在现实生活（或模拟现实生活）的真实情境中，给学生呈现复杂的、不确定的、开放的问题情境以及需要整合知识和技能的活动任务（即"有意义的真实性任务"）来对学生进行评价，评价重在考查学生在各种真实的情境中使用知识、技能的能力，而不是重在考查学生对知识信息的积累与占有程度；③任何一个真实性评价都必须事先制订好用以评价学生的"量规"或"检核表"（所谓"量规"，是一种界定清晰的、用来对学生的表现或作品进行评分或等级评定的评估工具。一个完整的"量规"应当包含三个基本要素，即"具体的评估标准"、"区分熟练水平"以及"明确的反馈"），学生应该提前知道评价的任务及具体标准，而不是像传统的测验那样需要保密；④真实性评价承认个体差异，主张对不同的学生提供不同的评估策略，以适应各种能力、各种学习风格以及各种文化背景的学生，为展示他们的潜能与强项提供机会，而常规的考试与测验往往忽视学生的个体差异，且常常用来找出一个人的弱点，而不是他的长处；⑤评价通常被整合在师生日常的课堂活动中，成为教师教学、学生学习的一部分。在真实性评价中，评价是师生共同的任务，学生不再是被动的测验接受者，而是评价活动的积极参与者，学生参与评价（包括对同伴的评价或自我评价）是学生学习的一种形式。①

（二）发展性原则

发展性原则主要包括两个方面的内容。①有利于学生的发展。课堂教学评价的基本目标之一就是通过切实的评价与诊断，帮助教师积极自主地构建和应用新的教学策略，不断调整教学的组织方法与过程，从而促进学生在认知、情感等方面的全面发展。②有利于教师的专业发展。课堂教学评价的重点是关注教师的课堂教学过程，而这个过程的效率和师生间的互动交流直接关系着教学目标的完成。因此，评价时需要考虑的是如何通过评价来进一步提高课堂教学的效率，找到课堂教学中还应该改进的地方，而不仅仅是评判教师的教学过程现状。同时现代教学评价强调，课堂教学评价主体之一就是教师自己，课堂教学评价本身也应该是教师对课堂教学过程与行为的批判性的反思，是教师与同行、专家交流与分享的过程，因此，通过课堂教学评价能有效促进教师的专业

①夏正江．论课程观的转型及其对新课改的影响［J］．课程·教材·教法，2005（3）．

发展。

（三）主体性原则

主体性原则是指在课堂教学评价中，评价的对象和评价的内容要体现的一个原则。在评价的对象上，主体性原则是指被评价对象对评价活动和过程的参与，包括评价指标的建立、评价方法的采用、评价过程的实施等都要有教师的参与；在评价的内容上，主体性原则是指评价中要体现互动和学生的发展，即评价的一个重要内容就是学生是否积极参与师生间的互动。课堂教学中的互动通常表现在：①学生在学习过程中有情感投入，学习成了一种内在的动力和需要，学生在课堂学习中获得成长的体验；②学会合作，通过各种形式的教学活动，学会接纳、赞赏、争辩、互助。

（四）艺术性原则

教学是一门技术，更是一门艺术，这是一句公认的名言，但教学艺术本身也是课堂教学评价最难以把握的一个内容。应该说，教学艺术体现出了教学的生命力之所在，它是教师素质的综合体现，不仅体现在教师的各种能力之中，也体现在课堂教学的各个环节之中。其中，教师的语言表达能力及体态语的表现力尤为重要。语言表达不仅要准确、清晰、简练，还要具有感染力。就课堂教学的环节而言，教学艺术包括导入艺术、介绍艺术、提问艺术等，每个环节的组织都能体现教师的教学功底。而评价过程中对教学艺术性的评价也主要体现在对教师素质和教学过程的评价上。

（五）过程性原则

过程性原则包括两个方面。①评价针对的是课堂教学的过程，即课堂教学评价本身直接针对的是课堂教学活动及其历程，在这个过程中，结合课堂教学的目标来评价课堂教学的效率。从这里我们可以看到，在主流的课堂教学评价中，往往以课堂教学的几个基本结构和环节来进行评价。②它是与发展性原则相生相伴的一个原则。评价既要体现教师教学经验的发展过程，又要体现学生学习经验的发展过程，它不是用某一事件评定某一结果，而是要体现个体发展的连续性。为了真正发挥评价的教学作用，我们把教师和学生的个体成长与进步都放在同等重要的位置，教师要不断对自己的教学思想、教学态度和教学行为进行分析和反思，对评价资料进行细心收集、整理与分析。因此，我们应注重评价对教与学的反馈与激励作用，建立校长、教师、学生、家长共同参与的评价制度，给予教师恰当的帮助和指导，鼓励教师与时俱进，教学相长，不断更新知识，提高教学与教育科研能力，提高教学实效。

（六）多元性原则

课堂教学评价的多元性原则，主要指两个方面。①参与评价者的多元性。传统的课堂教学评价通常是由教育管理者来完成的，主要是通过观察教师的课堂教学过程并对事先制订好的评价表作出勾画，被评价对象——教师往往处于评价活动之外。而现代课堂教学评价中教师将作为评价活动的重要参与者和受益者，不仅有教育管理者的评价，还有教师的自我评价、学生的评价，乃至与教育活动有关的家长、社会的评价等，从而构成评价主体的多元化。②评价角度的多元性。在进行评价时，不仅要对教学的基本环节和过程进行评价，还需要对教师在教学过程中所体现的基本教学能力要素进行评价，需要对教学效果、教学思想和理念等进行评价。

二、新课程教学评价的特征

（一）人本性、发展性

教学评价的人本性是指评价教师在教学设计、教学过程、教学反思

等各个环节是否"目中有人"，即把学生放在重要位置。我们常常说备课要备学生，备学生的整体情况、备学生中差异的特点，按照学生的个性特点设计教学的内容、教学的过程等就是人本性教学的体现。人本性的实质是以"学生的学"论"教师的教"，以促进学生的发展论教师的水平，以促进学生的全面发展来评价教师的教学绩效。那种灌输式教学，把学生当成完成教学任务的工具的行为，缺乏人本意识的做法，不能在新教学理念下的课堂中生存。

教学评价的发展性是指评价注重对教师在教学计划、教学内容、教学手段、教学目标等是否以学生的发展作为教学出发点和基准点。

评价关注学生将来的发展趋势和能力倾向，就是发展性的评价体现。如："你的这种多视角、概括性很强的思维方式对你今后做更宏观的设计与判断十分有利。""你这种积极的参与意识，会使你赢得更多的机会的。""同学们，谁能够对××同学的才华做预见性的评价呢？"这种评价是基于学生发展做出的评语。让同学对同学的才华进行评价，既可以使被评价者得到激励，还可以使评价者在参与评价中展示和提升自身的能力水平。

新课程背景下，这样的教学场景是时时会被具有发展理念和人本理念的教师们积极地创设出来的。人本性、发展性评价是中国基础教育发扬优势、革除弊端的根本性导向和制约机制。因为人本性，所以评价便呈现主体主动参与性而不是静态的被动等候式；因为发展性，所以评价方式便选择动态式，而不是情态的简单下结论。

（二）全面性、多元性

新课程下的教学评价具有全面性的特征，它不仅表现在评价目标的全面，还表现在评价内容的全面性和评价功能的全面性。

从课程改革的目标上看，在进行教学评价时，我们不仅要对教学中学生对知识与技能的掌握水平进行评价，还要对教学的过程与方法是否有利于学生的发展给予评定，还要对学生通过教学所感悟和提升的态度、情感、价值观状况进行评价。

从课程改革的课程内容上看，不仅要评价必修课堂的教学情况，也要评价选修课的课堂教学的情况；不仅要看教师对国家课程的理解和运用情况，还要看教师对地方课程和校本课程的挖掘、利用状况以及教师在新课程下所具有的潜在的发展性特质。教学评价不仅要对学科课程的教学效果进行评价，还要对综合课程的整合与设计进行评价，更要对新增的包括信息技术教育、研究性学习、社区服务社会实践以及劳动与技术教育等综合实践活动课程中教师的指导与对学生的发展作用进行适合时代发展要求的评价。

从课程改革的发展趋势上看，教学评价功能具有总结性、形成性、发展性、导向性和激励性。积极有效的教学评价会使课程的改革沿着有利于学生发展、教师提升、课程结构运行合理科学的方向发展。有效的评价可以激发广大教师和学生的积极投入、积极反思，主动探究，乐于创造。

新课程下教学评价的多元性，主要体现在评价主体的多元性和评价方法的多样性。

教学评价主体包括学生、教师、家长、学校教学群体或专门评价机构等多元主体。这里，教学活动是教师针对学生以课程为传递媒介进行德、智、体、美、劳、心理等各方面的教与学双边活动。教学活动的最终目标是促进学生的成长。教学活动中直接体验、参与者是学生。因此，学生当是他评中最主要的评价主体。

（三）层次性、差异性

新课程背景下，更尊重学生和教师的个性差异，因此层次性和差异性尤显突出。

对不同层次的学生，对不同发展优势的学生和对不同智能发展倾向的学生应选择不同的评价视角，给予学生积极的肯定和激励。做到这点，就需要教师拥有一双善于发现孩子闪光点的眼睛和引领教师能够独

具慧眼的理念。当一个学生在课堂上经常发问，教师是否从他的发问中，给予很高的关于学生潜质性的评价呢？如："你善于问问题，这是很好的思维品质，希望你继续发扬。""你提的问题很有思考价值。"……而你遇到善于解决问题的学生时，你是否能从他的优势倾向给予及时的评价呢？如："你是很善于动脑、动手的人，反应很机敏，办事有策略，问题解决得很独到，将来会承担重任的。"从哈佛大学教授加德纳提出的多元智能理论上看，这种评价是尊重学生各自智能倾向发展的评价。

层次性和差异性要求注意到不同的认知水平、不同的年龄阶段、不同的生活阅历及不同的家庭熏陶等，例如，小学生、初中生、高中生三个学龄段，因其智力、心理、生理发展各有不同，所以评价的方式和目标要求也应不同。

对学生之间的评价来说，不同的学生拥有不同的审美视角，有不同的评价取向，学生参与评价，是形成层次性和差异性重要因素。如，一个学生发表了个人的见解或表述一个较有见地的思想后，其他学生给予各自的评价和欣赏，会使被评价的学生收益匪浅，同时也会使参与互动评价的其他学生开阔视野。学生会在这样的学习环境中找到自己的成功点，从而激发学生产生浓厚的兴趣与和谐的学习氛围。

对教师而言，因教学经历都有所不同，学科特点和自身的气质类型以及自身所积淀的文化倾向都有所差异，所以教师在教学中，无论是教学方法、教学过程、教学策略，还是教学手段的运用以及对学生的引导、激励与评价等，都会具有各自的风格。教师在教学的各环节之中，在注意对学生的参与性、主动性和发展性提供空间和舞台的同时，也更加注意与自己的特长优势有机地结合，扬长补短，引导学生进入主动发现、主动探究、自主研究和和谐积极的学习氛围。

好的教师会捕捉教育契机，启动教育智慧，放大教学中的闪光点，培植教学的生长点，及时创设激励的情境，引导学生在参与中、在体验中、在感悟中找到创新能力的发展点，而且，在教学中师生互动，彼此激励，教学相长。应该指出的是，实现这样的教学境界，大的前提是教师必须具有新的学生发展观，即学生身上极富潜能，教师要相信学生，相信学生的创造潜力是无穷的。有这样的学生观指导，才会有教师符合新课程观的教学观。否则，口头上、形式上、想法上想获得学生的全方面的发展，而实际上教师时时流露出对学生的不信任、不放心或经常好心地、急切地代替学生思考、帮助学生分析，时间一长，就又回到了静态的、单向的、缺少生机的"学生听、接受"，"教师讲、传授"的状态中。

新课程下，在教学评价极其崇尚现代的教学观的指导下，充分发挥自己的个性，个性地设计、个性地参与过程，针对不同层次的学生水平和课堂教学要求，给予个性的评价目标和方式。总之，对教师评价的关键还是要看教师针对自身发展差异状况给予学生发展以怎样的途径和空间。

（四）过程性、综合性

教学评价的过程性特征，主要体现在评价重心更多地转向关心学生求知的过程、探究的过程和努力的过程。综合性特征体现在对学生、对教师、对课程和对教学活动的评价更关注综合发展态势的考查，质与量、结果与原因、智能与非智力因素等各项因素的总体性评价。

过程性评价能深入到学生的成长历程中去，能及时了解到学生在发展中遇到的问题、所做出的努力以及获得的进步，这样可以有效地帮助学生形成积极的学习态度、严谨的探究精神，有利于学生在学习过程中情感的体验、价值观的形成。

过程性和综合性评价实现学生在"知识与技能"、"过程与方法"以及"情感态度与价值观"的全面发展。

（五）尊重性、欣赏性

尊重性特征表现在教师在对学生进行评价或引导、组织学生进行评价时，应将学生置于平等的地位和受尊重的地位。教师应尊重每一位学生做人的尊严与价值。如对于学业成绩不良的学生不应对其学习成绩以言相讥，对于有过错的学生不应随意当众批评或羞辱学生，对于与教师有不同意见者教师应虚心听取、与其交换看法等。学生是发展的人，学生是具有个性特点的人，学生是在成长过程充满优点与缺点的统一体。在教学过程中，针对孩子在活动中表现出的独特性、兴趣、爱好、特长以及取得的进步，哪怕是微小的进步，教师应该做的就是给予支持和极富赞许的赏识性评价。

优秀教师的专业成长之路

第三节　培养教师教学的自我评价能力

　　教师角色的多样性、教师劳动的复杂性和教师管理的特殊性，决定了教师评价的复杂性和特殊性。这些特殊性决定了在对教师进行评价时，任何单一性的评价主体想要对教师作出全面而科学的评价都是极其困难的。为了全面客观地进行教师评价，一般都采用多途径、多主体来评价教师。较为常见的教师评价主体形式有：领导评价、同行评价、学生评价、社会评价和教师自我评价。

　　教师自我评价与其他四项"他评"不同，是一种教师通过认识自己、分析自我，从而达到自我提高，促进素质提高的内在机制，也是教师专业自主发展的内在机制。

　　教师教学自我评价能力，在教学目标设计、教学内容安排、课堂教学实施、课后教学行为等教学过程中能够充分体现。

一、教育目标设计的评价能力

　　过去，人们主要把教学目标定位在对知识、教材内容的掌握上，对教材以外的目标考虑较少。当前，根据新课程的要求，学生发展至少包含三方面：

　　（1）基础目标，指课程标准中所明确规定的学生必须掌握的学科基础知识、基本技能、基本学习能力和思想品德等，要求陈述时具体、

明晰，反映学科特点，符合学生身心发展规律。

（2）提高目标，主要表现为学生的独立性、主动性和创造性三个方面。①独立性，指不受外部强迫与控制，独立、自主地控制自己的思想、支配自己的行为；②主动性，指对现实的选择和对外界适应的能动性，体现在学生对学习的选择性和对社会的适应性上，如有高的成就感，较强的竞争意识，浓厚的学习兴趣和求知欲，以及较强的合作交往能力等；③创造性，指对现实的超越，不仅表现出强烈的创新意识，而且具有创新思维能力和动手实践能力。

（3）体验目标。通过师生之间的情感交流，形成民主和谐的课堂教学心理气氛，让各个层次的学生都能获得创造成功的心理体验，感受到课堂生活的乐趣和愉悦。

二、教学内容安排评价能力

设计科学合理的教学内容是课堂教学质量的根本保证，好的教师"用教材教"而不是"教教材"。要求教师：①传授知识准确无误，系统连贯，并重视学生能力培养；②编排合理，难易适中，突出重点，突破难点；③激发学生学习兴趣和求知欲望，引导学生积极思考，吸引学生主动参与；④体现教学内容的科学性、人文性和社会性的融合，培养学生严肃认真的科学态度，关注群体间的社会交往和课堂教学环境的潜在影响，陶冶人文精神，重视情感、意志、直觉等非理性因素；⑤关注教学内容的实践性，培养学生的动手实践能力和分析、解决实际问题的能力。

三、课堂教学实施的评价能力

课堂教学实施是教学过程的中心环节。现代教学观认为，学习是学生主动用现有的知识结构去同化或顺应外部世界的过程，是学生自主建构知识意义的过程。学生通过积极主动地参与课堂教学活动，形成独立获取知识、创造性地运用知识解决现实问题的能力及良好的个性和人格。因此，一堂好课应该以学生为主体，强调通过学生的主动学习，促进学生的主体性发展。

（一）"以学评教"，看学生主体地位是否确立

一看学生在教学中的参与情况。课堂上，学生的参与情况主要有两种：①积极、主动地参与，如提出问题、讨论问题、积极发表意见；②消极、被动的参与。在课堂教学中，教师应努力为学生提供主动参与的时间和空间，为学生提供自我表现的机会，还学生以学习的主动权。根据人们对学生参与课堂活动的研究结果，一般要求学生主动参与的时间为整节课的 1/2 以上，学生参与程度比较高的课应有 2/3 以上的学生主动参与时间。

二看学生在课堂上的活动。这里有"外动"与"内动"的关系。"外动"即动眼、动口、动手，属操作活动；"内动"即动心、动脑，属思维活动。教师要把学生的"外动"与"内动"整合起来，把教学过程搞活，鼓励学生开动脑筋，积极思考，主动探索，自觉实践，主动发展。

三看课堂气氛。教学过程不仅是学生的认识过程，而且是师生的情意交流过程。良好的课堂气氛能使师生情绪高昂，精神饱满，使学生的智力活动经常处于最佳状态。好的课堂气氛应该是活跃与恬静相统一，活而不滥；热烈与凝重相统一，热而不乱；宽松与严谨相统一，松而不散。

（二）"以教评教"，看教师主导作用如何发挥

一看教师课前准备。首先，看教学内容是"懂"，是"透"，还是"化"。"懂"，只是弄懂了教学的基本内容和课程标准对教学的基本要求；"透"，是找准了知识的重点、难点、疑点和关键，理顺了知识体系；"化"是把知识内化为自己的，做到融会贯通，出神入化。其次，

教学结构设计做到层次分明，条理清楚，疏密合理，快慢得当，时空分配科学，有节奏，讲效益。再次，教学方法的选择做到胸中有"本"，眼中有"人"，手中有"法"。

二看教师对学生学习的启发引导作用，引导的时机一般在新课开始时，学生遇到困难时，以及出现知识跳跃时；引导的方法常用目标引导法、情趣引导法、问题引导法、迁移引导法、情境引导法和提示引导法等。

三看教师对学生学习的督促指导作用。教师的指导作用集中体现在帮助学生排除学习障碍和指导学生学会学习上。指导要做到因材施教，照顾个别差异，热情耐心，适时适度，恰到好处。

四看教师基本功。教师能适时、适度运用现代教学技术手段、演示实验以及教具等，且操作规范熟练；教学语言规范，普通话标准、清晰简练、生动形象；教态自然、亲切，服装得体、整洁、大方；板书设计合理，字体规范。

（三）"以练评教"，看课堂训练的安排与设计

一看训练内容是否精练。练习题、例题、习题要精心筛选，认真编制，不搞题海战术。做到起点适度，落点恰好，梯度、密度、广度、深度合理。

二看训练形式是否灵活，即变样、变形、变法、变式、变角度。

三看训练效果是否有实效，重在看学生提出问题、回答问题、质疑答辩的深度和广度；是否实现预期教学目标；是否形成了良好的学习习惯；各种非智力因素及个性心理品质是否得到培养。

四、课后教学行为

（一）作业布置与批改

作业是学生应用知识的初步实践，是教师检查教学效果和了解学生

学习水平的重要途径。主要考虑以下几个方面：①内容符合课程标准，难易适当，定量合理。②收发及时，无误批、漏批现象；批语具体明确，切合学生实际；批语字迹工整，位置合理。③有作业批改手册（包括作文），重视作业信息反馈，及时讲评与辅导。④作业用本统一，完整无损，格式正确，字迹清楚；行列、间隔适当，课题章节、题号层次分明，没有抄袭现象。

（二）课后辅导

课后辅导是课堂教学的补充，是因材施教、分类指导的一种措施。评价教师课后辅导要考虑以下几个方面：①辅导要从学生实际出发，善于解决问题；②对学生有困难的学生热情关怀帮助；③了解优秀学生的兴趣爱好，有计划地进行培养提高，发展学科特长。

（三）学业考评

学业考评是检查学生学业成绩的一种方法，它标志着学生是否完成了规定的学习任务。评价教师考核学生学业成绩要考虑以下几个方面：①依据课程标准和教材，贯彻知识、技能、能力、思想相统一的原则，在考评学生知识、能力的同时，注意考评学生的思想品德；②运用多种方式考评学生的学业成绩，方法科学合理；③注意对学生的平时考评，有较详细的记录；④正确掌握评分标准，评分客观公正；⑤能根据考评所反馈的信息，对教与学订出改进措施。

（四）课外活动

课外活动是发展学生特长、促进学生全面发展的重要途径。评价教师指导学生课外活动要考虑以下几个方面：①结合学科特点，确立活动主题，制定活动计划，做到人员、时间、地点、内容"四落实"；②内容丰富，形式多样，确有实际效果。

第四节　教师教学自我评价能力的发展途径

一、提高反思性教学评价能力

目前在进行的课程改革是在不断的反思中进行和重建的。作为课改实践者的教师，反思性教学已成为其自我发展的重要途径。众多优秀的教师，他们一条成功的经验，就是在教学实践中不断的反思，善于总结，善于自我提高。

反思性教学评价能力就是在不断的反思性教学实践中形成和发展的。可以从以下几方面来理解。

（1）反思性教学评价是一种自我教育、自我实践的活动，是一种对自己行为、行动的研究，而且是一个漫长的贯穿教师整个教育生涯的过程。

（2）反思性教学评价的目的是通过自我检查、思考、判断，使自己的教学实践活动不断地合理有效，从而使自己在教学工作中不断地从感性到理性，逐渐成为驾驭教学工作的行家里手，成为一名学者型的教师。

（3）反思性教学评价以教学目的、教学要求等为参照标准，观照自己的教学活动，找出自己教学中的成功与失败，不断纠偏返正，使自己"学会教学"，"学会学习"。

反思性教学评价活动主要集中在三个阶段：课前反思评价，课中反思评价，课后反思评价。

（1）课前反思：其要点是对过去的经验进行反思，使未来的教学的设计建立在过去的经验教训的基础上。这种反思主要是评价以往的课堂教学，总结出成功的经验和失败的教训，或者借鉴别人上课的情况，结合新的内容，设计教学过程。

（2）课中反思：课中反思主要是对教学过程本身进行反思。具体包括教学内容呈现的顺序、难易的程度、学生的接受状况、课堂组织、教学技能的应用、师生互动等内容。课中反思十分重要，教师要随时观察学生的反应，随时通过各种手段检查学生掌握得怎么样，反馈后迅速作出判断，作出调整。有的教师上课不管学生反应如何，只管讲自己的课，这是一种不负责任的态度。

（3）课后反思：主要对已完成的教学结果进行反思，包括对学生的表现和发展进行评估，对教学的成功与失败进行分析。课后反思有两种情况，一种是上完一堂课后立即进行总结反思，随时记下自己的心得体会，补充自己的备课设计。第二种课后反思，则是宏观的反思，即随时随地可以进行的，反思的不仅仅是一堂课，而是自己整个教育教学活动。它有利于教师的成长发展。

二、吸纳多角度的反馈意见，提高自我评价能力

新课程中的教师教学工作，不再是教师的"单打独斗"，而是合作、交流、协商中的教学。教师不但要开放自己，对其他人提供支持和帮助；同时也要吸纳其他方面的建议和意见，采纳其中合理的成分，弥补自身的不足。对自己有更清楚的认识和了解，才能促使评价能力不断提高，因此，教师认真对待同事、领导、学生及家长的多方反馈意见，可以及时准确地观照自我教学工作中的优缺点，及时做出调整，发扬优

势，改善不足的方面，这是教师自我发展必不可少的途径。

三、在研究中提升教师自我评价能力

教师自身素质不断在实践中提升，改变过去教书匠的形象，成为科研型的教师，在丰富的理论支撑下进行教学实践，教师即研究者。改变过去教师只是别人成果的消费者的观念，这是教师作为学生促进者的前提条件，同时，也是教师提升自我评价能力的前提条件。

教师不进行教育教学的研究，就不能从理论上真正认识到教育的重要性；就不能真正理解课程改革的重要性和必要性，就无法弄清新课程的深刻内涵。不做深入细致的研究，就难以在教学实践中为自己准确定位，在工作中就会失去目标和方向，就难以对自己的行为做出正确的判断，自我评价的能力也就无从谈起。所以，加强科研活动，提高科研能力的同时，也是教师教学自我评价能力不断提升的过程。

四、在学习中提升教师自我评价能力

一是理论学习。理论学习的内容非常广泛，教育理论，古今中外的有关教学评价的书籍，教育学、心理学，思维理论书籍等，都可在学习之列。理论是基础，是教师知识结构中重要的一个层面。理论学习能够提高认识、分析判断的能力，丰富人的思维，当然也会提高人的辨别能力，评价能力，教师的自我评价能力。

二是在教学实践中学习。①在教学实践中经常参加教学观摩课、研讨课，向周围的同事学习，交流和切磋好课的经验，评判的标准，从中可以获得更直接的效果。②向名师学习。向名师名家学习是一条成功的便捷之路。通过优秀教学实践的直接感觉，可以更好地为自己确立行为

优秀教师的专业成长之路

标准，可参照的教学内容和评价体系，这也是成功的经验。③在实践中体验。实践是检验真理的唯一标准，任何先进的理念，优秀的理论，都要在实践中去检验，去发展，去完善。教学自我评价的能力，无疑是最基本的教学实践能力，唯有通过实践的途径，才能验证评价的有效性，合理性，科学性。

[案例呈现]

一、施肥对草坪的影响

某中学的操场种植了一大片草坪，随着时间推移，草坪枯黄了，学生为此组成了"施肥对草坪影响的研究"课题，并聘请老师作为指导。老师认为这个指导有别于必修课的讲解，和选修课的讲授也不同，教师应当成为课题的引导者、咨询者和资料提供者。教师"知识权威"的地位在下降，但点拨作用的需求明显增大。虽然学生是第一次参加课题研究，不太了解课题报告的写作格式，但教师并不直接为学生修改报告，而是建议他们去参阅一些相关的研究报告，并针对他们语言口语化的特点，提出了在保证课题科学性的同时注意语言简洁的要求，做到"到位而不越位，参谋而不代谋，指导而不指令"。

二、分马①

北京特级教师宁鸿彬在教《分马》一课时，一个学生提出："我认

①郑金洲. 基于新课程的课堂教学改革[M].福州：福建教育出版社，2003.

为《分马》这个标题不恰当。"宁老师问他为什么，学生说："你想啊，白大嫂子分的不是马，是骡子；老初头分的也不是马，是牛；李毛驴分的也不是马，他拉走了两头毛驴。明明牛马驴骡全有，题目却叫《分马》，不恰当。"宁老师请他重新给这篇课文拟个标题，这个学生说："分牲口。"宁老师鼓励并表扬了这个学生，说："《分马》是著名作家周立波的作品，你敢于向名家挑战，值得表扬。"话音刚落，又一个学生站起来说："老师，您错了！课文注解写着呢，本文标题是编者加的。他不是向作者周立波挑战，而是向编者挑战。"

这个学生指出了老师的失误，宁老师不仅欣然接受，而且表扬这个学生说："很好！我一时疏忽，说错了，你马上给我指出来，非常好！从这一段时间看，你们一不迷信名家，二不迷信编者，三不迷信老师，这是值得称赞的。"

第七章
优秀教师的可持续发展

    中小学教师的可持续发展是人和社会可持续发展的重要组成部分，是整个教育和社会可持续发展诸环节中具有基础和动力作用的一个环节。从职业角色的角度看，教师的可持续发展是指既能胜任其当前从教任务，又有利于胜任其今后从教任务的教师身心各方面协调、持久而强劲的发展。教师的可持续发展，既是社会的需要，又是个体的需要。作为优秀教师，应该主动做好可持续发展工作，使自己的专业水平不断得到提高。

第一节　坚持终身学习

前苏联教育学家马卡柯说过："学生能原谅教师的严厉、刻板甚至吹毛求疵，但不能原谅教师的不学无术。教师要给学生一杯水，自己就要成为一条常流常新的小溪。"终身学习是每一个个体的一项权利（学习权利），也是一种使命，更是职业幸福的源泉。

一、终身学习的内涵及意义

终身学习这一概念是由欧洲终身学习促进会于 1994 年 11 月在意大利举行的"首届世纪终身学习会议"上正式明确："终身学习是通过一个不断的支持过程来发挥人类的潜能，它激励并使人们有权利去获得他们终身所需要的全部知识、价值、技能和理论，并在任何任务、情况和环境中有信心、有创造性和愉快地应用它们。"

终身学习是每一个个体的一项权利（学习权利），也是一种使命。当终身学习成为一种习惯时，它将被不同的个体不断地继承、学习和传扬，继而作为一种进步精神被社会大力宣传，形成多个个体和主导阶级的合力主张，终身学习的重要性和意义就形成了"重叠—加倍—重叠—加倍"不断递乘的效应，并最终成为一种受上自高官名流下至黎民百姓广为认可并弘扬的精神和理念。

终身学习不仅是时代的需要，更是个体不断变化以此来适应社会变化从而获得人生幸福的基础，是个体的生命需求和发展需要。

终身学习是个体提升的必需，对作为文明的主要传承者——教师就更为重要了。邓小平认为，教师是发展教育事业的主要力量，是培养人才的关键，是办好教育的核心。他说："一个学校能不能为社会主义建设培养合格的人才，培养德智体全面发展、有社会主义觉悟的有文化的劳动者，关键在教师。"江泽民多次指出："百年大计，教育为本；教育大计，教师为本。"胡锦涛总书记指出："民族振兴的希望在教育，教育振兴的关键在教师。有了高素质的教师队伍，才能培养出全面发展的合格人才。"

终身学习是时代对教师的要求，是学生对教师提出的要求，是教师这一职业本身的要求。终身学习乃是教师安身立足之本！

二、教师终身学习的有效途径

教师的学习途径多种多样，无外乎在实践中学习，在阅读中学习，反思自己，学习他人。目标学习、自主学习、合作学习都是终身学习的有效途径和策略。

（一）目标学习

学习是读书和实践的结合体，学习的目的，不仅仅是获取知识，增长智力，还要增长实践的本领、创新的能力。这一解读恰好应和了已经到来的创新时代的特征。现代教育不仅要开发左脑，更要开发右脑。学校教育，特别是基础教育，我们要抓住各种思维的关键期，促进孩子的幸福成长，既不可越俎代庖，也不可拔苗助长。因此，我们就得有目的、有计划、科学地进行终身学习。

（二）自主学习

我们相信"从来就没有什么救世主，也不靠神仙皇帝，要创造人类的幸福，全靠我们自己"，"学不可以已"。我们得建立起自我意识发展基础的"我能"，建立起具有内在动机的"我想"，建立起一定发展策略的"我会"，建立起坚定意志的"我坚持"。

（三）合作学习

一根竹竿的歌曲，两只蚂蚁运食物的方式，三个皮匠的俗语，三个和尚的教训告诉我们一个简单又深奥的哲理——合作是一种生产力。

我们所说的终身学习的途径和策略，不是一般的强调个体学习和组织学习，而是要能够不断主动学习，持续创造，真正与时俱进，与信息社会发展相适应的创造性学习；不是一般的强调学习的必要性、重要性，建立一般的学习制度，而是要形成一套推动全体教师不断学习、终身学习的学习机制，促使教师不断更新知识、更新观念，形成反思、反馈、共享、互动的有活力有效益的学习；不是一般的倡导某种学习方法，制定某种学习纪律，而是培育与知识经济发展相适应，与系统论、控制论、信息论和先进管理理论相匹配的一整套学习技术和方法，不断提高创新力、领导力、执行力的变革式学习。只有如此，"学习型"教师才是名副其实的。

第二节　坚持阅读

　　读书是一种身心的净化，是一种精神的洗礼，是一种人性的升华……如果一个人没有书本的滋润，就会缺少智慧的阳光，精神世界就会干缩枯萎，思想底色就会暗淡无光。

　　教师要教好书，必须一生不离读书。不仅因为"师未必贤于弟子，弟子未必不如师"，更重要的是为人之师，要有较深厚的文化底蕴，专业化的理论修养，宽厚仁爱的人文精神，独具魅力的人格品质。

　　大量阅读，仔细咀嚼。"读书、读书、再读书！——这是教师素养的这个品质要求的。"苏霍姆林斯基在任帕夫雷什中学校长时就规定教师必须读一些教育名著。其实，读书的过程就是一个与世界进行交往的过程，一个从狭隘走向广阔的过程。

　　当前，有些教师忽视了阅读。原因有很多方面，比如工作量太大，心理压力太大，没有时间也没有心情去读书，但缺乏阅读习惯是一个很重要的原因。

　　教师读书阅读什么呢？中小学教科书就是很好的读物。尽管我们的中小学教科书编排得还不是特别理想，但是对于教师来说仍然是很好的读物。因为在中小学教科书中凝结了人类的基本经验，那些内容是最基本的，最核心的内容，是构建我们精神大厦最主要的元素。中小学教科书的内容过去我们都学过，但今天我们的眼界发生了变化，再加上我们的经验背景也发生了很大的变化，去阅读那些我们熟悉的材料，会有新的感知和收获。同时，对于教师来说，阅读各科教科书，不仅能"温故而知新"，还可以在自己所教授的课程中经常提及，这样就可以利用学生已有的经验背景，帮助学生融会贯通地理解学习内容，也有助于学生形成对世界的完整理解。

教师除了阅读各科的教科书外，阅读一些优秀的教育刊物也是很有必要的。好的教育刊物往往及时反映了教育界同行们对与教育最前沿问题的思索，可以引发自我的思考和探索，同时对自己的研究和发展也会起到一定的推动作用。

教师还需要阅读一些滋养心灵，温润生命的书，特别是一些经典文学作品和思想随笔之类的书籍。这些文质兼美的作品，会使我们的内心变得温暖、丰富、细腻，让一个人活得更加鲜活。

那么，读书应该如何去读呢？读书是一门艺术，不仅需要去读，还要学会去"咀嚼"。何谓"咀嚼"？曾国藩读史之法可谓深领其意，他说："读史之法莫妙于设身处地，每看一处，如我便与当时之人或辞职笑语于其间，不必人人皆能记也，但记一人，则恍如接其人，不必事事皆能记也，但记一事，则恍如亲其事。经以穷理，史以考事。舍此二者，更别无学矣。——读罢，大喜，得之矣！"这就是读书之人每每能进入书中之情节，自然会深得体会。

读一本书，就是要明确读书的目的，讲究读书的方法。读书要思考，要辨析，不能生吞活剥。为了简单地追求文艺作品中的某种生活状态去读书是不科学的。

清代袁枚说："读书不知味，不如束高阁。蠹鱼尔何如，终日食糟粕。"有人读书读了半世，亦读不出什么味来，那是因为读不合适的书，及不得其读法。

培根提出读书的功用：怡神旷心，增添情趣，长才益智。时至今日，读书又有"吞"、"啃"、"品"之法。不吞，无以求其广博；不啃，无以致其精微；不品，无以得其精神。读书，需要反复咀嚼且品味，就像吃豆腐干，嚼过来嚼过去，临了吞下细细的香末，还有余味在口中。如此说来，切不可开了卷，浅尝辄止，或者囫囵吞枣不知其滋味。所以教师在读书过程中，不仅要注重读书的内容，还要有一定的阅读方法。

教书的人爱读书、多读书，不仅是职业的需要，更应该成为一种习惯。因为读书能提高教师的生命的厚度、高度和品位，教师只有有了一定的宽度和深度的阅读，才能口吐莲花，妙语连珠；才能让我们的课堂不仅仅是传授知识、培养技能的训练场，更是传递思想、启迪智慧，充满人文情怀的和生命的大课堂；才能最大限度地实现教书育人的终极目标。

教师在读书的过程中要把教育实践与读书结合，形成自己的教育主张和思路，形成自己的教育表达，反思自己的教育细节和习惯，达到立德、立志、立行；在读书的过程中用知识与技能来改变自己的人生；在读书的过程中"学习—实践—写作，读书—教书—写书"，为自己构筑读书生活，培养自己的读书习惯，培植读书心情；在读书的过程中率性、自然、平易、真实地写作，提高自身执教科研的能力，从而促进专业成长！

第七章　优秀教师的可持续发展

第三节　向周围人学习

　　囿于自己的所学，教师所知永远只是沧海一粟。正如前苏联教育家加里宁说："教师一方面要献出自己的东西，另一方面又要像海绵一样从人民中、生活中和科学中吸取一切优良的东西，然后再把这些优良的东西献给学生。"

　　要成为一名优秀的教师，就要有从师的美德，善于发现别人的长处，虚心学习别人的优点，只有这样才能积小善为为大善，积小能为大能。孔子也曾说过："三人行，必有我师焉。"每个人都有自己的闪光点，都有值得他人学习的地方。

　　教师，肩负着引导人成长的重要使命，因此我们应该比其他任何人群都更关注自身的成长，自身素质的提高。没有与时俱进的成长，没有素质的提高，我们就很难完成自己的使命。学习是人们实现成长的主要途径之一，而向别人学习又是学习的一个重要方面，如果不向他人学习，那人们自身的成长就会像缺少某种维他命一样缺少营养。因此，作为教师要时时刻刻向周围的人学习。

　　向周围人学习，这个"周围"很广，很多人不知道该从何下手。对于教师而言，我们可以有意识地将"周围"具体化，提高针对性，以提升学习的效率。

　　教师向周围人学习，首先要从教育家那里汲取思想营养，如徐特立、陶行知、吴玉章等。虽然他们远离我们的生活，但他们的精神、理念却一直在我们身边。熟读他们的著作，了解他们的生平，研究他们的思想将对我们的进步大有裨益。

还要向当代的优秀教师学习。在我国社会主义教育事业中成长起了一大批优秀教师，如我们熟悉的于漪、魏书生等。学习他们的先进思想和感人事迹，既能帮助我们提高师德认识，又能诱导和激发我们的师德情感。

其次，教师要向身边的同事学习。这些同事包括同学科的教师、同一年级的教师、同一学校的教师。他们往往是你身边最近距离的学习对象。相同指教环境下，为什么别人做得比你好？哪些地方做得比你好？教学方法、教学设计等，哪些地方值得你去学习，这些都是值得思考的问题。而且，你还可以借用这些值得你学习的教师的教学资料，经常和这些教师沟通，你会发现自己从中学到了不少东西。

再次，教师还要向学生学习。教师要善于发现学生身上闪光的品质，诚心诚意地向学生学习，在师生互学互勉中汲取营养。教师不是万能的，所学知识肯定也是有限的。可是学生不同，每届的学生都在发展变化，况且每个学生都各有所好，各有所长。而且，学生是教师进行自我反省的最好对象。学生往往反应了一个教师在教学活动中的缺点和不足，学生的一些优点在某种程度上恰好可以弥补这种不足。如果都能够把自己当作学生，虚心向相互交流最多的学生请教，那真是教学相长的至高境界了。作为教师，每天要与多少青春学子一同徜徉于求学之径啊，如果能不耻下问，真诚而谦虚地向学生学习，不仅是对自己学识的充实，也是对学生学风的一种熏陶。那样，"弟子不必不如师，师不必贤于弟子"就不只是一个简单的比较，而是一句切实的写照了。

此外，来自社会各行各业的人，只要他是优秀的，我们就要放下教师的架子，虚心向他学习。这种学习是多方面的，不仅仅是知识的积累，还可以是人品道德的学习，精神毅力的学习，为人处世的学习……

作为一名教师，要想使自己成为品格高尚、人格完美的人，就要注意时时刻刻向周围的人学习，甚至不耻下问。要时常提醒自己是一名教师，要行为世范，高标准地严格要求自己，带着无限的爱心和责任感做好育人工作。

第四节 在实践中学习

一、在实践学习中不断提高教育教学能力

教师实践学习的成果，更多地体现于教育教学能力的提高。教师的教学水平与教师自身是否掌握了良好的教学方法有直接关系。教学方法有广义和狭义之分。广义的教学方法是指为达到教学目的和完成教学任务所采用的途径和方法的总称。狭义的教学方法则是指在教学活动中，教师对学生施加影响，传授科学知识，培养能力，发展智力，形成一定道德品质和素养的具体手段。教师教学方法的应用是教学能力的体现，而良好的教学能力很难在短期内形成，它需要通过教学规律的实践和摸索才能逐渐形成。

对于优秀教师来说，应做好以下两点。

第一，分享老教师的教育资源。掌握教育教学技能的"捷径"就是向老教师请教与学习。

第二，参与和交流。教师应把握客座教授、教育家的讲学授课和契机，积极参与专题讲座和学术交流活动，促进自身成长。

二、在科研实践中学习

在科学实践中学习，是教师向专家型教师转变的重要途径。同时，教师进行教育科研活动，是新课程的必然要求，也是教育发展的必然趋势。要提高科研能力，首先应有明确的科研意识、积极的科研热情和影响创新思维的逻辑思考能力。

（一）问题意识的自我培养

一个人如果没有发现问题的能力，就意味着思维的钝化和故步自封。目前，许多国外科研机构非常重视培养研究人员的提出问题、发现问题的能力，经常拿 1/3 的时间训练其提出问题的技巧。所以要提高科研能力，就需要加强问题意识，多思考问题，勤发现问题，从而努力研究问题和解决问题。

（二）方法意识的自我培养

科研活动的一项重要内容是科研课题研究。课题研究在一定程度上反映出教师的科研水平。课题的类型、大小、级别和方法可以有所不同，但是课题研究从课题选题、目标制定、方法选择、步骤确立、过程控制到成果评价，都有一定的规律可循，都要遵循科学的方法。如果缺乏方法意识，不研究教育的科学方法，科研工作就难以跳出经验性、描述性的研究层次，难以升至科学理论的高度。

（三）创新意识的自我培养

科研创新意识是指在科研过程中，自身具有的发现和认识新知识、新思想、新方法、新理论的知觉和思维。只要教师具有创造意识和欲望，就时时处处都有创新和创造的可能，每位优秀教师都应善于发现并

开发自身的创造力。培养科研创新意识，优秀教师应做好以下四方面工作。

（1）形成自己的创新意识，鞭策自己不盲从、不照搬。认真思考、反思对象的来源，坚守始终保持疑问的原则。努力发现问题，明确问题实质，努力寻求各种途径和措施解决问题。

（2）不断努力学习，有意识地培养自己的知觉、悟性和灵感，从而开发知觉能力。在自然学科内，深刻地理解学科结构和基础也是一种整体性地把握理论、原理的表现，而且还存在"理想实验"，这都是知觉的基础。

（3）努力打破思维定势。要博学多才，敢想、敢说、敢为，敢于冒险、勇于探索，总之，有实践、有反思，才有提高。

（4）对于已经出现的具有新异特点的教育对象，要善于捕捉，不断反省认知，在新与旧之间做出调控。

通过科研意识的自我培养与创新能力的自我强化，教师会转变观念，提高科研水平，实现向学者型、专家型教师的转变。

教书育人是一份神圣的事业，担负着社会重任。淡泊名利、锲而不舍、为人师表、率先垂范是对人类灵魂工程师的真实写照，也是教师必备的优秀品质。奉献、敬业、乐业，才能书写忠诚。教师的理想在学生的成长中得到实现，教师的生命在学生的事业中得到延伸。只要我们在平凡的岗位上脚踏实地，一路走好，就能尽快走出"合格教师—骨干教师—优秀教师"的成长之路来。

[案例呈现]

在教学、科研、培训的实践中学习

下面是一所学校的"在实践中学习——教学、科研、培训三结合的学习模式"。

优秀教师的专业成长之路 ••••

一、学校教研室出台"青蓝工程"方案，加强培养的措施

培养教师是一项全方位、多渠道的系统工程，加强领导是顺利实施工程的保证。对此，学校的教研室，做出如下举措。

（1）制订规划。提出教师"一年入门、三年胜任、五年成才、八年学科带头人"的具体目标。

（2）落实责任。学校非常重视教师的专业成长与培养，并专门成立了教研室负责教师专业成长的培养工作。

（3）组织实施。经常研究、布置、检查、指导、总结。

二、实施教师导师制

学校要指派师德高尚、业务过硬、知识渊博、经验丰富的教师与中青年教师结成师徒对子。充分发挥资源教师的传、帮、带作用，从思想、教学、教研等方面对中青年教师进行全面指导，尤其是教学上帮助年轻教师闯好"五关"——上好适应课、合格课、研究课、优质课、示范课。

三、加强信念引领

"不畏浮云遮望眼，只缘身在最高层。"引导年轻教师把握正确的方向和信仰，树立科学的世界观、人生观和价值观。

（1）组织他们认真学习《中小学教师职业道德规范》，按《规范》严格约束自己，并吸收骨干教师参加入党积极分子培训。

（2）深入开展向全国模范教师和特级教师学习的活动。

（3）进行经常性的师德教育，塑造"为人师表"的良好形象。

四、采取信任与激励原则

"宝剑锋从磨砺出，梅花香自苦寒来。"学校有意识地把一些重要的教学任务交给中青年教师，让他们挑重担，增强其工作的独立性。例如，让他们搞公共教学，担任毕业班班主任等。让他们在教学第一线积极发挥其独特作用，在实践中见世面、长知识、增才干。同时，校领导给予指导、肯定。

五、开展"十个一"活动

敦促教师苦练基本功，夯实基础，加厚功底，使他们在教育教学中各项知识、技能达到精通的程度。为此，教研室常抓不懈、常练不怠地开展"十个一"活动：读好一本教育理论专著，练好一手"双笔"字，讲好一口普通话，设计好一份教案，写好一篇教学感悟，上好一堂公开课，掌握好一项技能，带好一个班，辅导好一个课外兴趣小组，写好一篇教育科研论文。

六、增强培养时效性

多管齐下为青年教师提高学历层次和业务水平创造条件，使之适应新时期教育现代化的新形势。

（1）办好教师雅名苑、馨书苑，创设温馨的读书环境。

（2）邀请教育专家来学校讲学，拓宽视野。

（3）组织青年教师外出参观，博采众长。

七、采用适度的竞争机制

竞争取得跨越。为教师创造公平竞争机会，为之提供施展才华的"舞台"；并给教师设立更多受奖机会，加大鼓励力度；定期开展多种竞赛活动，如教师讲课大赛、教师讲演比赛、教师百花奖竞赛课等，使教师各显其能，各领风骚。

八、校刊《教育信息》搭建科研平台

"问渠哪得清如许，为有源头活水来"，教育科研是提高教师素养的"源头活水"。为强化教研意识，营造浓厚的科研学术氛围，学校要求教师积极参与、潜心钻研，积极在《教育信息》和沈阳市教育学会发表论文，每学期至少写好一篇教育科研论文，学校定期组织交流，并设立"优秀论文奖"，激发教师的教研积极性。

九、兴办反思性教育教学论坛

在一年一度的全国交流研讨课后，学校教研室定期举办"青年教师反思性教育教学论坛"，帮助教师找出教学不足，走出教育误区，使之健康成长。在论坛活动中倡导个别谈心，坚持以诚待人、以理服人、以情感人、以行导人的理念，促使青年教师进行积极的反思。

十、评选教坛优秀

每学年学校结合教师实绩考评活动（考核表略）评出"教坛优秀"，树立先进典型，在教师中掀起争先进的热潮。

十一、构建教师心灵花园

深入开展心理健康教育活动。经常与教师谈心，疏通心理障碍，使他们在教育教学中能容忍学生的逆反心境，保持乐观情绪，使其不将个人的不愉快转嫁给学生，不将个人的不良情绪发泄给学生，不将莫名的怨言迁怒于学生。应把个人思考的快乐和收获的喜悦送给学生，时时以"教不出超过自己的学生就不是好教师"自勉。